できる人とできない人の小さな違い

ATTITUDE IS EVERYTHING

Jeff Keller
ジェフ・ケラー［著］　弓場 隆［訳］

Discover
ディスカヴァー

ポジティブな心の姿勢の持ち主は間違いなく目標を達成する。
ネガティブな心の姿勢の持ち主は絶対に目標を達成しない。

——トマス・ジェファソン（アメリカ第三代大統領）

ATTITUDE IS EVERYTHING (revised edition)
by Jeff Keller

Japanese translation published by arrangement with
Jeffrey Keller through
The English Agency (Japan) Ltd.

私を信じ、励まし、夢を追わせてくれている
妻のドローレスに感謝し、本書を捧げる。

はじめに　「心の姿勢」がすべてを決める

人間は心の姿勢を変えることによって自分の人生を変えることができる。
これこそが、私の世代がなしえた最大の発見である。

――ウィリアム・ジェイムズ（アメリカの心理学者）

私が到達した「成功の法則」

この本は「心の姿勢」について書かれたものだ。ポジティブで明るい心の姿勢をとっている人の人生は、明るく楽しいものになる。反対に、ネガティブな心の姿勢をとっている人の人生は暗く苦しいものになる。どちらが成功する人生であるかは明らかだろう。

ところで、**あなたが今、どれだけポジティブであろうと、あるいはどれだけネガティブであろうと、この本はあなたの役に立つはずだ。**

あなたがネガティブなタイプであっても、落胆することはない。本書の法則を実践すれば、ポジティブな心の姿勢を身につけ、それを維持するだけでなく、人生において驚異的な突破口が開けるだろう。

すでにポジティブなタイプなら、本書の法則を実践することによって、成功に向けてさらに飛躍できるだろう。

ある人びとは成功を収め、他の人びとはほどほどの結果しか得られない原因は何か。私はそのことについて十四年以上も調査してきた。その間、心の姿勢と成功について数百冊の本と数千の雑誌記事に目を通してきた。それに加えて、成功を収めている無数の人びとに「成功の秘訣」を尋ねてきた。

さらに大切なのは、本書に書かれている成功の戦略を私自身がすべて実際に試してみたということだ。だから、私はその考え方が役に立つことを経験的に知っているし、あなたの人生を文字どおり変える力があることを確信している。

ただし、誤解しないでほしい。私は自分がこの分野のことを知り尽くしている「権威」

だと主張するつもりは毛頭ない。実際、私はまだ進歩の途上にあり、毎日学び続けている段階だ。

その反面、心の姿勢がネガティブであるというのはどういうことかはよく知っている。生まれてから三十歳になるまでずっとそういう心の姿勢であり続けたのだから（私がどんな人生を送っていたかは「おわりに」を読んでほしい）。自分と自分の能力を疑うというのはどういうことかもよく知っている。三十年間そうしてきたのだから。私が人生で経験したポジティブな変化はすべて、本書に書かれている法則を実践してきた結果である。

本書の使い方

便宜上、本書は十一章に分けられており、それぞれが数項から成り立っている。しかし、各項は見開き二ページで読み切りにしてあり、一つひとつ別の法則が解説されているので、どこからでも読むことができる。もちろん、最初から順を追って読んでくださっても結構だ。

第1章～5章では、運命を形成する心の姿勢と信念の力に焦点を当てている。考え方がどのように成功への起爆剤となるのかを学んでほしい。

第6章～8章では、話し方に焦点を当てる。具体的には、心の姿勢が言葉づかいにどのように表れるか、ポジティブな言葉があなたをどのように目標へと前進させるか、といったことだ。

第9章～11章は、旅の最終地点についてである。たとえポジティブに考え、ポジティブに話しても、行動を起こさなければ夢を実現することは不可能だ。じっと座って成功が訪れるまで待っていては、どうしようもない。ここでは、夢を実現するための行動を段階的に学んでいく。

成功に導くような方法で考え、話し、行動するとき、あなたはパワー全開になり、やがて驚異的な成果をあげるだろう。

あなたはいよいよ、夢にも見なかった成功と幸せをもたらす旅に出る。では、出発だ！

できる人とできない人の小さな違い

もくじ

第3章 成功を心の中に描く

第6章 自分の言葉に注意する

第7章 最高の自分を創る

第8章 不満を言わない

第9章 ポジティブな人たちとつきあう

第10章 恐怖心と向き合う

第11章 すすんで失敗しよう

第1章

成功は心の中で始まる

成功とは心の状態である。
成功したいなら、
自分を成功者だと思うことから始めよう。

――ジョイス・ブラザーズ（アメリカの心理学者）

自分をつねに明るく清らかにしておくことだ。
あなたは自分という窓を通して、
世界を見るのだから。

――バーナード・ショー（イギリスのノーベル賞作家）

小さな違い

1

何があってもポジティブでいると決める

午後一時すぎになって、セーラは空腹を感じ始めた。朝から数時間ずっとデスクワークに励んでいたので、近くの喫茶店で軽食をとることにした。

数分後、サムが同じ喫茶店に入ってきた。彼も昼休み中だった。サムはセーラのすぐそばに腰掛けた。

その日、同じウエイトレスがセーラとサムを接客した。ウエイトレスが注文を聞きに来るまで、二人とも同じくらい待った。きちんと調理されたおいしい食べ物がどちらの客にも出された。勘定書きがどちらの手元に届くのにも同じくらい時間がかかった。

しかし、状況が似通っていたのはそこまでだ。

セーラは笑みを浮かべ、足取りも軽く、世の中に対してとてもポジティブな気持ちで喫茶店に入ってきた。その様子は誰が見ても一目瞭然で、楽観主義が全身からあふれ出ていた。セーラは楽しく昼食をとり、ウエイトレスと楽しい会話をし、充電を終えて仕事に戻った。

その反対に、サムは苦虫をかみつぶしたような顔で喫茶店に入ってきた。猫背の不自然な姿勢で、「オレに近づくな」とでも言わんばかりのピリピリした雰囲気。ウエイトレスがすぐに注文を聞きに来ないからと、とても不愉快な気分になり、注文した食べ物がなかなか来ないからと、イライラを募らせた。出された食べ物について不満を言い、精算がもたついたことで激怒した。

セーラとサムは同じ喫茶店で同じ態度で対応されたのに、なぜこんなに違う経験をしたのだろうか。その理由はこうだ。**セーラは世の中に対してポジティブな心の姿勢であったのに対し、サムはネガティブな心の姿勢に固執していたからだ。**

小さな違い

2

「できない」ではなく「できる」と考える

心の姿勢は、それを通して世界を見る「フィルター」だと考えよう。楽観主義のフィルターを通して世界を見る人たちもいれば、悲観主義のフィルターを通して人生を見る人たちもいる。たとえば、心の姿勢によって、「コップに水が半分入っている」ととらえる人もいれば、「コップの水が半分なくなっている」ととらえる人もいるのだ。

ポジティブな心の姿勢とネガティブな心の姿勢の違いを、いくつかの例をあげて具体的に説明しよう。

◎ネガティブな姿勢の持ち主は、問題に固執する。

◎ポジティブな姿勢の持ち主は、解決策に意識を集中する。

◎ネガティブな姿勢の持ち主は、他人のあら探しをする。
◎ポジティブな姿勢の持ち主は、他人のいいところを探す。
◎ネガティブな姿勢の持ち主は、ないものねだりをする。
◎ポジティブな姿勢の持ち主は、恵まれていることの数を数える。
◎ネガティブな姿勢の持ち主は、限界を見て、「できない」と考える。
◎ポジティブな姿勢の持ち主は、可能性を見て、「できる」と考える。

ほかにいくらでも例をあげることができるが、だいたいのイメージはつかめたと思う。

ここで、あなたにひとこと言っておこう。**あなたの心の姿勢は、あなたが世界を見るための窓である**、と。

小さな違い

3

心の窓をきれいにしておく

心の姿勢は世界を見るための窓である。

私たちは誰でも、生まれたときは、無垢な心の窓を持っており、よい心の姿勢をしている。幼い子どもたちをじっくり見るがいい。いつもニコニコ笑っている。とても明るい性格で、新しいことを探求するのが大好きだ。

歩くことを覚えようとしている子どもの心の姿勢について考えてみよう。よろけて倒れると、子どもはどうするか。子どもが絶対にしないことを列挙しよう。眉をひそめてカーペットの責任にする、教え方が間違っていると親を糾弾する、途中で投げ出す、などだ。子どもはよろけて倒れても、にっこり笑って起き上がり、もう一回やってみる。さらに、もう一回。何週間もポジティブな心の姿勢を維持し、うまくできるようになるまでやり抜く。子どもの心の窓は無垢である。世界を征服できるとさえ思っていそうだ。

しかし、知ってのとおり、人生が私たちの窓に向かって泥を投げつける時期が訪れる。

私たちの窓は、

- 親や教師の批判によって、傷つく。
- クラスメートや同僚のあざけりによって、汚れる。
- さまざまな人の拒絶によって、くすむ。
- たびかさなる失望によって、濁る。
- 疑念によって、曇る。

問題なのは、**汚れが蓄積していくにもかかわらず、あまりにも多くの人がそれについて何もせず、汚れた窓のままで生きている**ということだ。

情熱を失う。欲求不満がたまる。落ち込む。そして最も悲劇的なのは、夢をあきらめてしまうことである。どれもこれも、心の姿勢という窓をきれいにすることを怠ったからだ。

小さな違い

4

自分の心は自分で責任を持つ

心の姿勢は世界を見るための窓である、という私の言葉を、あなたは理解しているだろうか。

心の姿勢が人生観全体に影響を及ぼす、ということを、あなたは認識しているだろうか。

あなたの心の窓をつねにピカピカにしておくのは、あなたの仕事である。

もちろん、私もあなたを少し励ます程度のことならできる。まわりの人もあなたを励ましてくれるだろう。

しかし最終的に、あなたを励ますことはあなた以外の誰にもできない。

選択はつねにあなたしだいだ。窓の汚れをずっとそのままにして、汚れた窓から人生を見ることもできる。しかし、このやり方にはあまり好ましくない結末が待っている。いつも欲求不満でいっぱいの状態で、ネガティブな心の姿勢のまま一生を送るという結末だ。物事を成し遂げる能力があるのに、心の姿勢のせいで成果がほとんどあがらない。それでは、あなたは不幸になってしまう。

だから、雑巾を使って自分の窓をきれいにすることを選ぶのだ。そうすれば、人生は明るくて楽しいものになる。より健康で幸せになる。野心的な目標を得て、それを達成し始める。夢がふたたびよみがえるのだ！

環境はつねにコントロールできるとはかぎらない。しかし、**自分の心の姿勢をコントロールすることならできる**のである。

小さな違い

5

どんな状況でも心の姿勢を自分で選ぶ

心の姿勢を変える力を自分が本当に持っているのかどうか、あなたはまだ疑っていないだろうか。

もしかすると「言うのは簡単さ。でも、もしあなたが私と同じ問題を抱えていたら、そんなにうまく心の姿勢を変えられやしないよ」と思っているかもしれない。あなたは過去につらい出来事を経験しているかもしれない。現在、かなり困難な状況にあるかもしれない。

しかし、**あなたには最悪の状況下でも自分の心の姿勢を選ぶ力がある。**簡単なことだとは言わないが、それは事実だ。選択はあなたしだいなのだ。

心の姿勢について語る資格のある一人の男を紹介しよう。彼の名はヴィクトル・フランクル。ナチスの収容所に捕われ、何年間も空腹と寒さと残忍な仕打ちに耐え、両親と妻を収容所で亡くすという、生き地獄を経験した人物だ。はたしてこういう状況下で、人は自分の心の姿勢をコントロールできるものだろうか。フランクルはベストセラーとなった自著『夜と霧』（みすず書房）の中で、心の姿勢の大切さを次のように書いている。

「人間から奪い去ることのできないものが、たったひとつだけある。それは、人間の自由における最後の部分、すなわち、どのような状況下でも自分の心の姿勢を選び、自分の生き方を選ぶ自由だ。睡眠不足、不十分な食事、さまざまな精神的ストレスなどの条件が囚人の反応に影響を及ぼすことは考えられるかもしれないが、囚人がどういう人物になるかは内面の決定によるものであり、収容所の影響によるものだけではないことが最終的に明らかになった」

奈落の苦しみに直面しているフランクルたちでさえ、心の姿勢を自ら選ぶことができたのだ。私たちが自分の心の姿勢をコントロールできないと主張する根拠はどこにあるのだろうか。

あなたの心の姿勢をコントロールできるのは、あなたしかいないのだ。

小さな違い

6

成功法則を活用して潜在能力を引き出す

窓の汚れを拭き取ってポジティブな心の姿勢を身につけたとしよう。あなたはほほ笑んで、くつろぎながらポジティブな考え方をしている。あなたは、それだけで大成功を収め、抱いていた夢をかなえることができるだろうか。

いや、できない。成功するには、心の姿勢がポジティブであるだけでは駄目なのだ。潜在能力を最大限に発揮し目標を達成するには、昔から無数の人びとがめざましい成功を収めるのに役立ててきた伝統的な成功法則を応用する必要がある。

このあとのすべての項を通じて段階的に、あなたに成功法則を教えよう。あなたがずっと夢に見てきた人生を実現するために必要な情報とひらめきが得られるだろう。

しかしここで、あなたは疑問に思うかもしれない。これらの成功法則が心の姿勢とどういう関係があるのか、と。その答えは、ひとことで言うなら、すべてだ！　だからこそ、私は「心の姿勢がすべてだ」と言っているのだ。

心の窓をきれいにして初めて、その他の成功法則の光が差し込む。窓が汚れていたら、それらの法則が放つ光のほんの一部しか差し込まない。ポジティブな心の姿勢を維持しなければ、成功法則を活用できないのだ。

しかし、心の窓をきれいにしておくと光が差し込むから、それらの法則を活用して、お金を稼ぎ、豊かな人間関係を築き、精神的な深みを増し、潜在能力をいかんなく発揮できる。

ポジティブな心の姿勢と他の成功法則を組み合わせれば、あなたを止めることはもう誰にもできない。

第2章

考えていることが現実になる

自分にできると思おうが、
できないと思おうが、
どちらも正しい。

——ヘンリー・フォード（フォード自動車の創業者）

できると思えば、できる。

——ウェルギリウス（ローマの詩人）

小さな違い
7

なりたい自分になれると信じる

成功のカギとは何か。成功する人と失敗する人がいるのはなぜか。

成功に関する著書で知られるアール・ナイチンゲールは、『最も不思議な秘密』と題した有名な講演の中で、成功のカギをたったひとことで表現している。あなたも早くそれを知りたいだろう。でもその前に、そのカギは、また失敗のカギでもあることを指摘しておく。

成功のカギを知る心の準備ができただろうか。では、紹介しよう。

「私たちは、自分が考えているような人間になる」

あなたはなるほどと思っただろうか。

ナイチンゲールは調査の結果、思考が行動を決定するという点で、すべての偉大な作家や哲学者、宗教的指導者の意見が一致していることを発見したのだ。

では、偉大な思想家たちの考察をいくつか紹介しよう。

アメリカの偉大な著述家ナポレオン・ヒルはこう言っている。

「心が認識し信じることを、心は成し遂げることができる」

哲学者ロバート・コリアーはこんな洞察を示している。

「何かを手に入れることができるという事実をいったん心の中で受け入れたなら、手に入れられないものはこの世にはない」

最後に、自動車王ヘンリー・フォードの有名な言葉を紹介しよう。

「自分にできると思おうが、できないと思おうが、どちらも正しい」

小さな違い
8

目標を明確にする

私たちは、自分が考えているような人間になる。

この考え方をもう少し詳しく検証しよう。あなたが目標をつねに意識しているなら、その目標に近づくためにいろいろな手を打っているはずだ。

たとえば、ある人（仮にフレッドとする）が自分は年収三万ドル（約三七〇万円）を稼げると思ったとしよう。フレッドはまるで磁石のように、それを実現するような雇用の機会を引きつける。だから、フレッドがその思いを抱き続けるかぎり、年収三万ドルを稼ぐという目標を実現するだろう。

そこで、もしフレッドが、「家族を養うためにもっとお金が必要になってきた。年収五万ドル（約六一〇万円）を稼ぎたい」と思ったら、どうなるか。フレッドの収入は増えるだろうか。

それは場合による。

フレッドは年収五万ドルを稼いでみたいと思っているだけで、自分にはそれだけのお金を稼ぐ能力があるとは信じていない可能性も十分にありうる。その場合、フレッドは年収五万ドルという目標を達成しないだろう。その反対に、もしフレッドがより高い収入を稼ぐことをつねに念頭に置き、自分にはその目標を達成する能力があると信じていれば、実際に年収五万ドルを稼ぐことになるだろう。**自分は年収五万ドルを稼ぐ、という信念がどれほど強いかによるのだ。**


お察しのとおり、この考え方は金銭的な目標にかぎらない。たとえば、あなたのゴルフの腕前がスコア九十五だとしよう。腕前をスコア八十五に伸ばそうと集中し、それが自分に可能だと信じれば、あなたはその目標に向かって前進し始める。レッスンを受けたり、もっと練習したりする。最終的にスコアは伸びて目標を達成することになるだろう。

小さな違い

9

一日の中でポジティブに考える時間を増やしていく

私たちは、自分が考えているような人間になる。

「支配的な思考の法則」とも呼べるこの考え方は、そのときに思考を独占している考えの方向へと自分を向かわせる力が、一人ひとりの中に存在するということだ。

ここでキーワードとなるのは、「支配（Dominant）」である。

起きている時間の大半をネガティブな結果ばかり考えて過ごし、ポジティブに考える時間が一日に十秒ほどしかないのに、ポジティブな結果を期待するというのは虫がよすぎる。

要はこういうことだ。ほんの少しポジティブに考えたところで、ポジティブな結果を得ることはできない。ダイエットをほんの少しやってみたところで効果がないのと同じだ。

いくら低カロリーの健康的な朝食を食べても、あとは一日中ケーキとアイスクリームをいっぱい食べていたのでは、痩せようとしても無理だ。運動についても同じだ。一週間にたった一度だけ数分間運動をしたところで、健康維持にはつながらない。

同じことが、ポジティブに思考することについてもあてはまる。

ほんの少しのポジティブ思考では、ほとんど何の効果も得られない。**ポジティブに考えることが習慣になるまで、心の活動をコントロールし、毎日ずっとポジティブに考えなければならない。**

少し時間をとって、自分の人生の中心となる事柄について考えたときに、どんな考えがあなたの思考を支配しているか再点検してみよう。

その考えはあなたの役に立っているか、それとも足かせになっているか、どちらだろうか。

小さな違い

10

目標に思考を集中させる

思考の力がいかに大きいか、具体的に証明するため、私自身の例をお話ししよう。

一九七〇年代から八〇年代初めにかけて、私は自分が住んでいる地域（ニューヨークのロングアイランド）で、多くの人が投資目的で住宅を購入し、賃貸して大儲けしているのを見た。借家人とのトラブルは頭痛の種だが、投資が生む利益は信じられないほど巨額だ。

私も、投資用住宅を買ってみようとずっと考えていた。しかし、私は何ひとつ行動を起こせなかった。自分をたえず疑っていたからだ。私の思考は、もしかしたら失敗するかもしれないという不安に支配されており、ひどい心の姿勢だったのだ。

しかし、心の姿勢と信念についての本を読むようになってから、不動産投資に対する心の姿勢を変えることを決意した。一九八六年の夏、私は年末までに二軒の投資用住宅を購入することに決めた。今度はネガティブな思考が心の中に忍び込まないように気をつけた。

その後の半年間、私は二軒の投資用住宅を所有するということひとつに思考を集中させた。毎日、自分の目標を何回も紙に書き、何度もそれを見た。平日の夜と週末は不動産業者と住宅を探しに行った。訪れた住宅は約百軒、調査した住宅は数百軒にのぼる。

その年の秋、ついに私は投資用の住宅を一軒購入した。それまでしようとしなかったことをするのは、なんという達成感だろう！　しかし、まだやるべきことがひとつ、残っていた。大晦日まであと二日にせまった十二月二十九日、私は二軒目の投資用住宅を購入し、みごと目標を達成したのだ。

それまで「できなかった」のに、年内に不動産を買うことができた理由は明らかだった。**自分がそれをできると信じたからである。揺るぎないポジティブな心の姿勢が、私を目標の達成へと駆り立てたのだ。**

私にとって、この経験ははかり知れないほど価値のあるものとなった。自分を信じ、ポジティブな面に思考を集中させれば、目標を達成できることを教えてくれたからだ。

小さな違い
11

行動の前にポジティブな思考を身につける

これまでの話は思考についてだったから、あなたは「いったいどこで行動を起こせばいいのか」と疑問に感じているかもしれない。

行動を起こさなければ結果が得られないのは事実だが、思考が行動に先立つことをしっかり認識してほしい。たとえば、投資物件を買うために起こさなければならない行動とは、不動産業者との話し合い、物件の下見、新聞記事の整理などだ。しかし、心の姿勢がネガティブだったので、私は最初の一歩を踏み出せなかった。心の姿勢を変えたとたん、私は行動を起こさなければならないと感じた。しかも、もう止まらなかった。

だからこそ、どのような目標を達成するにも、ポジティブな信念や思考が出発点となる。自分は目標を達成できるという思考が優勢であれば、あなたはその方向に進むために必要な行動をとり始める。

あなたの信念は、あなたが今いるところに、あなたを連れて来た。そして、あなたの思考があなたを将来の地点へと連れて行く。この事実を直視しよう。

実際、人生のあらゆることについて、あなたが自分で抱いている思考を反映した結果になっている。自分の経済状態を考えてみるといい。あなたは自分の経済状態についてどういう思考をしているか。お金が足りないといつも考えているのではないか。その考えに固執すると、あなたは自分へのお金の流れをくい止めてしまうのだ。

次に、人間関係の問題だ。もし自分にはあまり価値がないと信じているなら、あなたをあまりよく扱ってくれない友人や知人を引きつけてしまう。あなたはおそらく〝よくない〟相手とばかりつきあっている人を知っているはずだ。その人の心の中には、そういう相手を引きつける信念が深く根づいてしまっているのだ。

信念や思考が変わらなければ、結果は変わらない。これは経済状態、人間関係、仕事のどの分野にもあてはまる。

小さな違い

12

「私はできる」と自分に言い聞かせる

うれしいことに、わくわくするような朗報がある。

あなたは自分の思考を変えることができるのだ。そして、そうすることによって結果を変えることができる。

その方法を教えよう。まず手始めに、自分に向かって一日中言っていることの内容を意識するのだ。誰もが内面の声を持っている。私たちは自分に話しかけているのだ。その言葉は、自分の足を引っ張るようなネガティブで批判的な内容である場合があまりにも多い。

おそらくあなたは、自分に向かって「私にできるはずがない」とか、「私はいつも失敗ばかりしている」と話しかけているはずだ。このような思考は有益ではない。

これからは、**「私は目標を達成できるし、そうするつもりだ」と繰り返し自分に言い聞かせる**のだ。自分が心から信じていることは、自分にとっては真実なのである。

自分が定期的に使っている言葉を意識することも大切だ。たとえば、手に入れられなかったことや達成できなかったことについて、あなたは自分をこきおろしたりしてはいないだろうか。

あなたの心は、あなたが話すすべての言葉を聞き、あなたを支配する思考や信念に見合う出来事や環境を磁石のように引きつける。

だから、自分と自分の目標について話をするときは、ポジティブな言葉を使うことを心がけることが肝要なのだ。

小さな違い

13

つねにプラス思考を選びとる

ここで、プラス思考とマイナス思考のそれぞれが持つ力について明確にしておきたい。

まず、プラス思考とは、一夜にして目標を達成できるなどと考えることではない。お金儲けについて考え始めて、翌朝、目が覚めたら枕元に札束が見つかったなどということは絶対にありえない。成功するには、努力と決意と忍耐が必要なのだ。

そして次に、プラス思考をしたからといって、あなたの頭を悩ませる問題と縁が切れたわけではない、ということだ。それどころか、途中で何度も挫折を味わうことだろう。

しかし、もし自分を信じて行動を起こし、粘り抜けば、あなたはそれらのハードルを跳び越えられるはずだ。

思い起こしてほしい。あなたは自分の頭の中の多くを占めている思考の方向へとたえず進んでいる。あなたが生きている間に成し遂げるすべてのことは、あなたの思考と信念に由来する。

マイナス思考はマイナスの結果を生み、プラス思考はプラスの結果を生む。あなたにプラス思考の光が差し込んでくるように、心の窓を明るくきれいにしておこう。

マイナス思考はまったく無意味だ。もちろん、マイナスの結果を得たいというのなら話は別だが、あなたはそんなことを望んでいないはずだ。

今日からは、自分の思考を賢く選んで、人生において素晴らしい結果を得るために、このプラス思考という強力な法則を使おうではないか！

第3章

成功を心の中に描く

大切なのは、知識よりも想像力だ。

——アルバート・アインシュタイン（物理学者）

それを夢見ることができるなら、
それをすることができる。

——ウォルト・ディズニー（アメリカのアニメーション作家）

小さな違い
14
自分の成功を具体的かつ明確に心の中に描く

歌手のセリーヌ・ディオンがテレビのインタビューでこんな質問を受けていた。

「あなたは歌手活動を始めた時点で、自分がいつかレコードを数百万枚も売り、毎週のようにツアーに出て数十万人の前で歌うことになると予想していましたか？」

すると、彼女はこう答えた。

「私は今の状況にまったく驚いていません。なにしろ五歳のころからずっと、こういうことを心の中で描いてきたのですから」


彼女はうぬぼれていたわけではない。彼女が幼いころに学んだのは、自分がなりたかったスターのイメージを心の中で鮮明かつ強烈に描いて利用する能力だった。

世界の一流スポーツ選手も、自分の技術をどのように発揮したいか心の中に正確に焼きつけるイメージ・トレーニングを日ごろの練習に取り入れている。難度の高いジャンプを完成させようとするフィギュア・スケート選手、完璧なサーブでエースを狙うプロテニスプレーヤー、長距離のショットをフェアウェーに向けて打とうとするプロゴルファーなど多くの一流選手が、うまくいっている様子を実際に成功を収める前に心の中でイメージする。

しかし、イメージ・トレーニングは歌手やスポーツ選手だけのものではない。実は、これはあなたが自分の人生を創造するために子どものころからしてきたことなのだ。

私が意図していることをはっきり言おう。イメージ・トレーニングとは「心の中の映像」である。私たちはみな、**自分にふさわしい人間関係や仕事での成功度合い、自分がリーダーシップを発揮する範囲、稼ぐお金の額などのイメージを映像として心の中に保存しているのだ。**

こんな名言があるので、紹介しよう。

「大きな期待を抱かないかぎり、大きな成功を収めることはありえない」

小さな違い

15

子ども時代のつらい映像にとらわれない

私たちの「心の中の映像」はどこから来たのだろうか。

私たちは幼いころに「心の中の映像」を開発し始める。

子どものころに叱られたり、自分には価値がないように感じたりすると、私たちはそれらの出来事とそれに付随する感情を心の中にイメージとして記録する。

たとえば、あなたは小学校の先生に叱られているイメージをいまだに鮮明に持っているかもしれない。そのとき、あなたはクラス全員の前で恥をかかされたように感じたはずだ。

その後、学校や人前で自分の意見を述べたくなっても、叱られたときにどれだけつらかったかを心の中で思い出してしまい（たとえ、それが潜在意識のレベルであっても）、沈黙するようになった。

その当時の映像はあなたの心の中に残り、現在の行動にかなりの影響を及ぼしている。

残念ながら、**多くの人は子ども時代の映像を刷新することも改定することもしていないため、いつも潜在能力とはほど遠い結果しか出し切れていない**のが実情だ。

そこで、イメージ・トレーニングの力を活用して人生のあらゆる面を向上させるテクニックを、次項から紹介する。

小さな違い

16

ポジティブな映像を選んで心に映し出す

心の中に保存されているすべての映像が、子ども時代につくられたものではない。あなたは自分の人間関係や職場での経験、その他の出来事に基づいて、心の映像をつねにつくり出している。

しかし、心の中の映像の源が何であれ、私がはっきり指摘しておきたいことがひとつある。それは、あなたの映像をコントロールしているのは、あなただけだという事実だ。

ちょっと実験をしてみよう。あなたの好きなソフトクリームを想像してほしい。自分なりの映像あるいはイメージができあがったことと思う。ではここで、一頭の象をイメージしてみよう。それが見えるだろうか。その象の色をピンクに変えてみよう。一秒もしないうちにあなたはピンクの象のイメージをつくった。ここで、ソフトクリームの映像を再生できるだろうか。もちろん、できるはずだ。

私の言っている意味がわかるだろうか。あなたは、自分の心を占領する映像をコントロールしているのだ。しかし、どの映像を再生するかを意識して選ばないかぎり、あなたの心は〝古文書館〟の中を探し、そこに収蔵されている古い映像を再生し続ける。

ただし、過去の経験がどれほどつらかったり、がっかりしたりするようなものであっても、それを否定することは、あなたの利益にはならない。先生に叱られたという事実を変えることはできないのだ。しかし、**その事実に対する解釈を変えることならできる。**

叱られたときに、あなたは「自分はあまりよい子ではない」「自分の意見は価値がない」と解釈した。それは子ども時代の解釈なのだが、あなたは大人になっても無意識にそう思い続けている。だが、今のあなたは異なる解釈を意識的に選べるのだ。たとえば、先生は私とは違う意見だったかもしれないが、それは私の知性や人間としての価値について否定したものではなかったのだ、といった具合だ。

小さな違い 17

自分がうまくいっているところをつねにイメージする

私たちはその気になればいつでも新しい心の中の映像を創造できる。強い感情と感覚を引き起こす新しい映像をつくりだし、そこに意識を集中させれば、その新しい映像を裏づけるような行動をとるようになる。だから、自分の望む結果をイメージすることが第一歩となる。

誰もが知っているとおり、ほとんどの人は人前で話をすることを恐れる。どの調査でも、人びとが恐れることの第一位（死の恐怖よりもランクが高い！）にランクされている。人前で話をするよう依頼されたとき、どのような映像が心の中をよぎるのだろうか。それは、自分が聴衆の前でびくびくしながら立っている自分の姿だ。しかも、自分の言いたいことを思い出すのに苦労している最中かもしれない。心のスクリーンにこういうイメージを何度も映し出してしまえば、人前で話すのがうまくならないのは当然だ。

ここで、あなたが自信満々でプレゼンテーションをおこなっている映像を心の中でつくってみよう。

聴衆はあなたの言葉をひとことも聞き漏らすまいと耳を傾けている。あなたは弁舌さわやかだ。あなたの面白い話に聴衆は笑う。あなたが話し終えると、聴衆はあたたかい拍手を送る。人びとはあなたのところに歩み寄り、称賛の言葉を述べる。

こういうイメージが人前で話す技術の向上に役立つことは明らかだろう。

あなたを制限するのは、自分の想像力だけなのだ。

しかし、心の中の映像は一夜にして現実になるわけではない。辛抱して、心の映像にたえず意識を集中し続け、あなたは自分の映像を裏づけるように自発的に行動し始めるのだ。

小さな違い

18

自分の成功を心の中でリハーサルする

もしあなたがなんらかの商品やサービスを売る仕事に携わっているなら、自分が安定して成功を収めている姿を心の中で見ることが不可欠だ。

望んでいる業績がまだ得られていないとしたら、あなたは自分が平凡で不満足な営業活動をしている映像にしがみついているのだろう。

さてここで、見込み客との商談について考えてみよう。あなたは心の中でその商談をどうイメージしているだろうか。自信と説得力を兼ね備えているか。自分が勧めている商品の利点を情熱的に説明しているか。その客はあなたの言っていることを受け入れて興味を示しているか。あなたは、その商談を成功裏に終わらせている様子を鮮明に描けているか。

あなたは心の中の映像のプロデューサー、ディレクター、脚本家、照明係、衣装係、配役担当責任者をすべて兼ねている。その映画の出来栄えを決めるのは、あなた自身だ。心の中でリハーサルをし、成功を収める練習を繰り返すことによって、あなたは営業マンとしての成功の道を切り開くことができるのだ。

もし見込み客があなたのアイデアを拒絶し、あなたのプレゼンテーションに何の興味も示さないイメージを心の中に焼きつければ、あまりいい営業成績を収めることはできない。あなたは自分のネガティブなイメージと一致するような人たちと状況を引きつけてしまうからだ。

小さな違い

19

毎日数分間、欲しいものをイメージする

心の中の新しい映像に意識を集中させる最もいい方法は何か。

心がイメージ・トレーニングを最も受け入れやすいのは、多くのことを同時に考えていない冷静なときである。家で椅子に腰掛け、両目を閉じて、体をリラックスさせよう。その映像に視覚・聴覚・嗅覚・味覚・触覚の五感を働かせる要素を多く取り入れれば取り入れるほど、そのビジョンを現実にする力が強くなる。

一例をあげよう。たとえば、あなたがカリブ海に臨む海岸に別荘を所有したいといつも夢見てきたとする。白とピンクの家をイメージしてみよう。緑色のヤシの木がそよ風になびいている風景を見る。塩辛い空気の香りをかぐ。足元に暖かい砂を感じる。顔に太陽の光がさんさんとふりそそぐ。まるで天国のようだ。

もしあなたがこの**イメージを堅持し、それを実現するために必要なことをするなら、それをすべて現実のものにできる**だろう。

このイメージに付随するあなたの感情には、さらに大きな力が秘められている。たとえば、理想の仕事をイメージするときは、その地位で働くことで得られる誇りや満足感といったポジティブな感情を組み込むのだ。

最後にもうひとこと。最初の時点でのイメージの質はあまり気にしないように。生き生きと鮮やかなの映像をイメージできる人もいれば、ぼんやりとしたイメージしか描けない人もいる。はっきりとしたイメージを描けず、特定の感情を持つだけということもあるかもしれない。

心配する必要はない。自分を他人と比較せずに、ベストを尽くせばいいのだ。あなたが心の中で抱いているイメージは、やがて鮮明になっていく。大切なのは、毎日数分間、新しい心の映像を思い描くことなのだ。

小さな違い

20

欲しいものを目に見える形にする

自分が成功している姿を心の中でイメージすることは、非常に強力な効果を発揮する。しかし、その成功を加速させるのに、もうひとつ有効な方法がある。それは、**望む方向へ自分を動かすため、手にしたいゴールを目に見える具体的な形にすること**だ。

一九九〇年、喜劇俳優のジム・キャリーは「出演料」として、自分宛てに一千万ドルもの小切手を切った。日付は五年後の「一九九五年十一月の第四木曜日、感謝祭の日」となっていた。キャリーの後日談によると、それはお金の問題ではなかったという。もしそれだけ稼げるようになれば、最高のスタッフといっしょに最高の映画をつくれるはずだ。彼はそう確信していたのである。

その後、キャリーは『エース・ベンチュラ』と『マスク』に出演して約八十万ドルを得た。一九九四年の後半、『ミスター・ダマー』に出演、七百万ドルを稼いだ。九五年には彼の出演料はさらに数百万ドル上がり、今では一本の映画につき二千万ドルの出演料を稼いでいる。

キャリーのこの経験は、深い確信があれば目標を達成することができるという証しである。自分の目標について考え、心の中でイメージすることは、成功を収めるうえでたいへん効果的だが、さらに、キャリーの小切手のような目標を具体的に形にしたものを使うなら、成功の可能性はさらに高まる。このテクニックはあなたにも役立つはずだ。

今すぐに小切手を一枚切って、三年後あるいは五年後の日付で、稼ぎたい金額を記入してみてはどうだろう。少なくとも一日一回はその小切手を見て、自分がその方向に進んでいると信じることを心がけると効果的だ。

小さな違い

21

自分が手に入れたい地位を紙に書いて貼っておく

手にしたいゴールを思い起こさせるための視覚的な道具は小切手にかぎらない。ほかにいくつもの方法がある。

私の友人ロバートは所属政党から判事の指名を受け、次の選挙で投票にかけられる予定だ。選挙に勝って判事になるという夢を実現する可能性はかなり高いものの、ロバートはまだ少し不安を感じ、疑念がときおり心の中をよぎるという。

そこで私は、ロバートにこんな提案をした。手書きで「ロバート・ジョーンズ判事」と書いた紙を、毎日目にするところ（たとえば寝室のテーブルや浴室の鏡など）に貼っておくのだ。同じ紙をもう一枚つくって、それを財布の中に入れて携帯することも提案した。

一日中その言葉を見ることによって、ロバートは自分を判事と見なすようになってくる。

彼はやがて、黒の衣装を着てみたり、自分が入廷すると、全員が起立している様子をイメージしたりするだろう。そして、これらのイメージが強くなるにつれて、ロバートはその映像を現実にするための行動を起こす。判事になるためにもっと選挙運動をするだろうし、より多くの人が選挙に出かけるように所属政党に働きかけるだろう。

もちろん、紙を使わなくても、ロバートは心の中のイメージを創り上げることができたはずだ。しかし、視覚的な道具を使えば、はるかに大きな力を発揮する。

この方法がロバートやあなたにとってつねにうまくいくという保証はない。しかし、あなたが欲しがっているものを手に入れるための非常に強力な「助っ人」になるはずだ。

あなたが手に入れたい地位、それが営業部長、管理職、弁護士、経営者など、どれであろうと、この道具を利用すれば、あなたの心はそのイメージを実現するために働き始める。

ウォルト・ディズニーは言った。「**それを夢見ることができるなら、それをすることができる**」と。

小さな違い

22

ネガティブなイメージを創るような言葉は避ける

視覚的な道具を使うときは要注意だ。人によっては、ネガティブな道具を使ってしまったために深刻な結果を招いている。

車のバンパーに貼るステッカーがいい例だ。数年前、私は車を運転していて、すぐ前の車のバンパーに「借金があるから出勤する」と書いたステッカーに気づいた。それ以来、これと同じステッカーを何度も見かけた。かなり人気があるようだ。

このステッカーは、少しユニークなだけの、無害なジョークとしてすませられるだろうか。とんでもない。このメッセージはユニークでも無害でもない。このようなステッカーを自分の車に貼り付けることによって、自分をつねに借金状態にするように心を設定しているのだ。

このステッカーを自分の車に貼り付けている人について考えてみよう。その人を仮にアリスとする。アリスは毎朝、外に出て「借金があるから出勤する」というフレーズを目にする。仕事が終わって帰宅するときも、車に戻ると「借金がある」というフレーズが目に入る。このフレーズは彼女の潜在意識に焼きつけられ、自分が借金をしている映像を作り出す。こうして、アリスは莫大な借金を引きつけているのだ。

「あなたはなぜお金が足りないのか?」とアリスに聞いてみよう。「運が悪いから」という答えが返ってくるだろう。しかし実際は、アリスは自分の心の中に入れるものについて不注意なだけである。**今日の「無害」なステッカーが明日の現実となってしまう**ことを、彼女は気づいていないのだ。アリスは、すでに汚れている心の窓にさらに泥を投げつける人の典型的な例だ。アリスを支配する心の姿勢は「私には借金がある」である。そういう心の姿勢では、彼女の未来はどうなるだろうか。繁栄だろうか、さらなる借金だろうか。

その答えは、あまりにも明らかだ。

第4章

徹底的にコミットする

この力が何なのか、私にはわからない。
私にわかるのは、自分の欲しいものを正確に知って、
それを見つけるまであきらめないと決意しているときにのみ、
その力が得られるということだけだ。

——アレクサンダー・グラハム・ベル（電話の発明者）

平凡な才能と非凡な忍耐力があれば、
どんなことでも成し遂げられる。

——トマス・バクストン卿（イギリスの政治家）

小さな違い
23

目標達成に必要なすべてのことをすすんでする

「コミットする」とはどういうことか。私はその意味を知っているつもりでいた。「意志を貫くこと」「打ち込むこと」「何度もやってみること」だと認識していた。

しかしながら、これらの概念の真意が理解できるようになったのは、マイク・ハーナッキーの『欲しいものをすべて手に入れるための究極の秘訣』（邦題は『成功の翼』日本能率協会）という薄い本を読んだときだった。

コミットメントこそが「究極の秘訣」である。著者によると、**欲しいものを手に入れるカギは、目標を達成するのに必要なすべてのことを「すすんでする」意志を持つこと**だという。ただし、早合点してはいけない。「必要なすべてのこと」というのは、合法的かつ倫理的で公共の福祉に反しないすべての行動という意味だ。

では、「すすんでする」とは、どういう意味か。それは次のような心の姿勢だ。

◎目標を達成するのに五つのステップが必要なら、私は五つのステップを踏む。
◎目標を達成するのに五十のステップが必要なら、私は五十のステップを踏む。
◎目標を達成するのに百のステップが必要なら、私は百のステップを踏む。

もちろん、取りかかった当初は、目標を達成するのにどれだけのステップを踏む必要があるのかは正確にわからないのがふつうだ。しかし、それは問題ではない。成功を収めるには、どれだけのステップを踏むかには関係なく、必要なすべてのことをする意志を貫けばいいのだ。

いったん目標を達成することにコミットすれば、望む結果を得るまで不屈の精神と行動でやり抜けるはずだ。

小さな違い

24

ひたすらコミットする

コミットして、必要なすべてのことをすすんでするとき、あなたは自分の目標を達成するために必要な人びとと環境を引きつける。

たとえば、ベストセラー作家になることにコミットしたとたん、有能な編集者に「遭遇」したり、まさにこの分野のアドバイスをしてくれるテレビ番組を「発見」したりする。

これらの情報源がそれまで存在しなかったというわけではない。あなたの心がそれを見つけることに意識を集中しなかったというだけのことである。

いったん何かにコミットすると、それを達成したときの映像を心の中で創り上げる。すると、あなたの心はすぐに作業に取りかかり、あなたが描いている映像を現実にするための出来事や環境を磁石のように引きつける。

しかし、これは一夜にして完成するプロセスではないことを認識しておくことが大切である。あなたは行動を起こし、機会が訪れればそれをつかまなければならない。

あなたがコミットしさえすれば、ふつうならけっして起きないようなあらゆることが、あなたを助けるために起きる。

あなたが意思決定をした時点で、自分に起こるとは夢にも思わなかったあらゆる種類の予期せぬ出来事や出会いや物的支援がもたらされるだろう。

小さな違い 25

コミットしたら、とにかく、何かを始める

コミットメントの力には、奇跡的な特徴がもうひとつある。どのように目標を達成すればいいかをあらかじめ知っておく必要がないのだ。

たしかに、計画を練っておくに越したことはないが、すべてのステップを前もって決めておく必要はない。実際、**必要なすべてのことをすすんでしているとき、「正しい」ステップが突如として目の前に出現する**ことがよくある。会う計画すらしていなかった人たちと出会う。扉が思いがけず開く。まるで幸運の女神がほほ笑みかけているようだ。

では、どのようにして扉が思いがけず目の前で開くのか。私自身の例を紹介しよう。

一九八九年、私は、自分が学んだ成功法則を人びとに役立ててもらおうと決意した。し

かし、どこから始めていいのかわからなかった。雑誌社に記事を送ればいいのか、はたまた自分で本を書いたらいいのか。そこで、私は、一九九〇年の秋に、人材開発に携わっている人向けに地方紙に記事を投稿してみた。数か月後、スチュアート・ケイメンという男性から電話がかかってきた。企業向けのニュースレターも書いていたフリーライターだ。親友の家で私の記事を読んで、とても感銘を受けたという。彼は「ニュースレターを書いてみようと思ったことはあるか？」と尋ねてきた。正直言って、私は自分のニュースレターを書いてみようと思ったことがなかったが、彼は自己啓発の考え方を数千人に知らせるニュースレターを作成する方法を教えてくれ、約一か月後、『心の姿勢がすべてだ』というニュースレターを創刊した。以来、私たちは人生を変える情報を数十万人に提供している。

なぜこんなことが次々と現実になったのか。私は成功の法則を人びとへ伝えることを強く決意し、心の姿勢はポジティブだった。そして、実際に記事を書いた。そこにスチュアート・ケイメンという見ず知らずの人物が私の人生に関与してきた。彼はまさしく、私の夢を実現する方法を知っている人物だったのである。

小さな違い

26

どんなことがあっても、目標を達成すると決意する

あなたが楽しそうにワルツを踊りながら目標に向かって進んでいくことに浮かれているなら、ここで警告しておこう。

どれだけ決意が固くても、いつもバラ色の景色ばかりが目に映るわけではない。あなたが目標を達成することにどれだけ真剣かを見るために、人生はあなたを試すだろう。障害は現れるものだ。あなたはミスを犯し、失意と挫折を味わう。場合によっては、あまりに大きな精神的打撃のために、目標の達成を放棄したくなるかもしれない。

そのときこそ、「絶対に、絶対に、絶対にあきらめるな」というチャーチルの英知に従うことだ。

あるいは、アメリカのヘビー級ボクサー、ジェイムズ・コーベットのこんなアドバイスも参考になる。

「あなたはもう1ラウンド戦うことによってチャンピオンになる。状況が厳しいときは、さらにもう1ラウンド戦うのだ」

どんなことがあっても自分は目標を達成するのだと決意したなら、一時的な敗北は克服できる。あなたはいずれ勝利を収めることになる。

こんな名言がある。

「平凡な才能と非凡な忍耐力があれば、どんなことでも成し遂げられる」

小さな違い

27

自分の夢を実現するまで、ポジティブな心の姿勢を維持する

コミットメントについて、私は親友のジェリー・グラッドストンから多くを学んできた。一九八六年、ジェリーは美術品を売るアメリカン・ロイヤル・アーツという会社を創始した。一年後、彼はアニメの原画の販売にコミットすることに決め、ワーナー・ブラザー스などと契約を結んだ。しかし、ビジネスを大きくするには、ディズニーの原画を売る必要があることを悟った。

それから三年間、ディズニーの本部に、手紙を何通も書き、何度も電話をして、原画を扱う許可を求めた。そして、そのたびに「ノー」と答えが返ってきたが、ジェリーはあきらめず、連絡を取り続けた。ついに、幹部がものすごい剣幕で「あなたは絶対にディズニーの許可を得ることはできない」と言った。そろそろ、あきらめようか？　ジェリーはそう考えなかった。**これだけ拒絶されても、ポジティブな心の姿勢を保ち、ディズニーの幹**

部に電話をかけ続けた。すると、幹部はきっぱり縁を切ろうと、「われわれが原画を売る店を開くことを許可できるとしたら、場所はミネソタ州かマサチューセッツ州くらいだろう」と言った。ニューヨークを拠点としていたジェリーは、そんな遠く離れた場所で店を開くことなど考えたこともなかった。しかし、彼はどうしたか？　翌日、飛行機でマサチューセッツ州へ行き、その日のうちに貸店舗を見つけ、契約を結んでしまったのだ！

彼は例の幹部に電話し、マサチューセッツ州に店の場所を確保したと報告した。幹部は大いに笑い、ジェリーにこう言った。「あなたがそんなに大胆な人物なら、われわれはあなたをディズニーの仲間として迎え入れなければならないね」

数週間後、ジェリーはディズニーの原画を扱う店を開いた。一年もたたないうちに、ニューヨークの店でも原画を販売する許可を得た。以来、百万ドル以上も売ったジェリーは、ディズニーの原画を扱うディーラーとして世界最大の販売量を誇っている。

これぞまさしくコミットメントだ。成功の秘訣をジェリーに尋ねてみるといい。「心の姿勢がすべてだ」と答えるだろう。

小さな違い
28

条件をつけず、全力を尽くして目標に向かう

ここで、あなたが目標を心に抱いているとしよう。

次に自分に投げかけるべき問いは、「私はこの目標を達成するために必要なすべてのことをすすんでするだろうか?」である。

もしあなたが「私は必要なことなら何でもするつもりだ。ただし、○○だけはしたくない」と答えるなら、率直に言って、あなたはコミットしていない。コミットしていないなら、いずれ挫折して目標を達成できなくなる可能性が高い。

多くの人は「成功するために半年がんばろう。半年たってもダメなら、あきらめよう」というような気持ちで新しい仕事に取り組む。これは、成功につながる心の姿勢ではない。

私はここで、計画もなしに猪突猛進して最善の結果を期待することを提案するつもりはない。うまく軌道に乗って、できるだけ早く成功するために、あなたは予定と期限と予算を設定すべきだ。しかし、現実には、どれだけ綿密に計画を立てたところで、目標を達成するのにどれだけ時間がかかるかわからないし、どういう障害に出くわすかをすべて予見できるわけではない。

コミットメントが勝者と敗者を分けるのは、まさにここなのだ。**コミットしている人たちは何があってもがんばるし、最終的に勝利を収める。思っていたより長くかかっても、気にしない。一方、コミットしない人たちは思いどおりに物事が進まないと投げ出す。**

コミットメントの力について学んだならば、今度はその法則を応用しよう。燃えるような情熱で達成したいと願える目標を選ぼう。そして、その目標を達成するために必要なすべてのことをすると誓おう。前に進んで、これから出くわす機会をすべて利用しよう。そして、粘り強い行動力で最後までやり遂げ、成功する準備をしよう。

第5章

問題をチャンスに変える

痛みさえも、
私たちに何かを教えてくれる。

――ベンジャミン・フランクリン（アメリカの政治家）

高い場所へ登るには、
でこぼこ道を歩かなければならない。

――セネカ（ローマの哲学者）

小さな違い

29

逆境をチャンスと考える

人生で問題や挫折に直面したとき、あなたは咄嗟にどう反応するだろうか。

あなたが平均的な人なら、最初は不満を言うだろう。「どうしてこんなことが私の身に降りかかったのか。どうしたらいいのだ。人生設計が台なしになってしまった」といった具合に。

こういう反応は自然である。しかし、落胆の気持ちが薄らげば、自分がとるべき反応を選べるようになる。みじめな気持ちにひたって自分の置かれている状況のネガティブな面にこだわり続けることも選べるが、そうではなくて、その問題が提供してくれている恩恵や教訓を見つけ出すことも選べる。

つまり、問題はまったく問題ではなく、チャンスかもしれないのだ。あなたに降りかかった問題が、人生のある状況を改善するための修正箇所を指摘してくれることもある。その問題がなかったなら、行動を変えなかったかもしれない。

失業後に事業を起こして成功を収めた人物を、あなたも知っているかもしれない。あるいは、そんな人のことを聞いたことがあるかもしれない。彼らによると、もし解雇されなかったなら、新事業を始めることはけっしてなかったという。最初は逆境だったが、最終的にビッグチャンスになったのだ。

気に入った仕事の面接がうまくいき、合格の知らせを待てない。しかし、合格の知らせはまったく来ない。誰か別の人が合格したのだ。あなたは打ちひしがれる。数日後、あるいは数か月後、新しい就職口が見つかる。かつてないほど理想的な条件だ。とすれば、最初に断られたのは幸運だったことになる。

小さな違い
30
問題が起こっても、落胆しないで次の手を探す

私は仕事で経験するさまざまな落胆から、ひとつの扉が閉まったときには、必ずよりよい扉が開かれることを学んだ。

一見すると悪い状況に見えることも、じつはありがたいものである。この考え方についての私自身の信念を強くしてくれた実例を紹介しよう。一九九一年三月、「心の姿勢がすべてだ」とプリントしたTシャツを販売してくれる会社を必死に探し、やっと一社見つけた。

六月末、そのTシャツを売り出すために全米各地で広告キャンペーンを展開するつもりでいた。だが、七月初めに深刻な問題が発生した。印刷屋がTシャツを二週間で納品する約束だったのに、五週間以上たっても届かなかった。急いで、私は別の印刷屋を探すこと

にした。

しかし、すでに最初の印刷屋と話し合ったうえで価格と配達の条件を決めていた。同じ品質の製品を同じ価格帯で配送してくれる会社が見つからなかったらどうなるか。これは大問題だ。

運の悪さを嘆くことはせずに、よりよい印刷屋をすぐに探し始めた。そして、理想の印刷屋を一週間以内に見つけることができた。今度は二週間が五週間になったのではなく、二週間が四日になって注文の品物が届いた。それから八年間たった今でも、私はその印刷屋に発注している。

結局、最初の印刷屋と縁が切れたことは、私にとって最高の出来事だったのだ。もちろん、そのときはそれがわからなかったが、私はこの一見「悪い状況」を有利に生かせると信じ続けた。そして、それを実現した。私はこういう経験から、**ひとつの扉が閉まったときには、必ずよりよい扉が開かれる**ことを学んだのだ。

小さな違い 31

悪い状況にあるときこそ、能力を発揮する

さてここで、悪い状況や問題、失敗がもたらす七つの恩恵について指摘しよう。

1　バランスのとれた物の見方ができるようになる

命にかかわる病から生還したなら、タイヤがパンクしようが屋根が水漏れしようが、もうそれほど困らない。自分の人生で本当に大切なことに目を向けられるようになる。

2　感謝の気持ちを持てるようになる

人は何かを失って初めて、その大切さに気づく。感謝しなければならないことに意識を集中すれば、生活にさらに多くのものをもたらすことになる。

3　潜在能力を引き出してくれる

障害を乗り越え、窮地を切り抜けると、人は強くなる。だから次の障害が現れたとき、

もっとうまく対処できる。試練は、自分のベストを引き出してくれるのだ。

4 変化を起こし、しかるべき行動をとるよう激励してくれる

生活がどれほど退屈で苦痛であったりしても、多くの人は慣れ親しんだ古いパターンにしがみつく。だから、心の姿勢を変えるためにも、困難に直面する必要がある。

5 貴重な教訓を与えてくれる

失敗したベンチャー・ビジネスの例を考えてみよう。起業家は次のベンチャーで大成功を収めるための何かを学んでいるのかもしれない。

6 新しい扉を開いてくれる

ある人間関係が終わり、より満足のいく人間関係が始まる。失業して、よりよい仕事が見つかる。人生のひとつの扉が閉ざされても、よりよい扉が開かれるのである。

7 自信と自尊心を築き上げてくれる

障害を克服するために必要なすべての勇気と決意を持つとき、気力がみなぎり自信がつく。自尊心が高まり、ポジティブな気持ちで次の行動に取りかかることができる。

小さな違い

32

いつも楽天的に逆境に対処する

私は悲劇に見舞われたときに、自分の感情を無視したり現実を無視したりすればいいなどと提案するつもりはない。

私が言いたいのは、**自分の状況を悲劇だと早合点して自分が恵まれていないことを嘆くな**、ということである。自分が置かれている状況のどこに祝福があるのかすぐに見抜けないこともときにはあるだろう。しかし、祝福は必ず存在する。

あなたはつねに選択できる。自分の問題をネガティブなものと見なし、陰鬱な気分にひたり、落ち込むこともできる。しかし、こういう対応の仕方は問題をさらに厄介なものにすることはまず間違いない。その反面、一見したところネガティブに思える経験をすべてチャンスと見なすこともできる。学ぶための材料とか成長するための踏み台といった具合だ。信じようが信じまいが、あなたの問題はあなたの役に立つためにある。あなたを破滅させるためではない。

だから、次にあなたが問題に悩み挫折したときは、がっかりしたり投げ出したりしてはいけない。挫折のせいで心の窓を永遠に曇らせてはいけない。窓の曇りをきれいに拭き取ることができれば、以前よりも視界がよくなっていることに気づくかもしれない。ここで、「あらゆる逆境は、それと同等またはそれ以上の恵みの種を運んでくる」というナポレオン・ヒルの言葉を思い出そう。

ピンチのときこそ、楽天的な心の姿勢を維持し、心を開いた状態にしておくことをつねに心がけよう。そういう心の状態こそが、困難なときに恩恵をもたらす種を見つけるための環境なのだ。

第6章

自分の言葉に注意する

言葉は、
人間が用いる中で、
最も強力な薬である。

——ラディヤード・キプリング（イギリスのノーベル賞作家）

言葉の中に、
話し手の心の状態と
人格と気質が見える。

——プルタルコス（ギリシャの歴史家）

小さな違い 33

「自分は～が得意だ」と自分に信じ込ませる

あなたの言葉は驚異的な力を持っている。

言葉は明るい未来を築くことも、チャンスをつぶすことも、現状を維持することもすべてできるのだ。あなたの言葉はあなたの信念を強化し、あなたの信念はあなたの現実を創り出す。

たとえば、こういうことだ。トムは「自分は営業が得意ではない」と思った。しかも、一回かぎりではなかった。彼は定期的にこの考えを心に呼び起こした。おそらく今までに何百回、何千回と呼び起こしたことだろう。

トムは、この考えを強化するための言葉を使い始めた。友人や同僚には「自分は営業ではたいした成績を収められていない」とか、「顧客に電話をしたり接したりするのは大嫌いだ」と言うのだ。

これが今度は彼の信念を強化する。明暗を分けるのは、まさにこの段階である。トムは自分が営業ではいい成績を収められず、大金を儲けることはできないという信念を持つようになった。こんな信念から一体何が生まれるというのだろうか。トムは自分の営業能力を信じていないから、ほとんど行動を起こさないし、たとえ起こしても生産的な行動ではない。営業でいい成績を収めるために必要なことは何もしない。当然、トムはたいへん悪い結果を得る。さらに悪いことに、トムはよりいっそうネガティブな思考を持ち始め、ネガティブな言葉を繰り返し、ネガティブな信念を強化し、ネガティブな結果を得る。まさしく悪循環だ。

もしトムがポジティブな思考を選び、それをポジティブな言葉で強化していたなら、自分は営業でいい成績を収めるという信念を強くするだろう。その結果、トムはその信念に見合う行動を起こし、目覚ましい結果を得るという、ハッピーエンドになっていただろう。

要するに、自分の言葉を軽視してはいけない、ということだ。原因と結果という単純な問題だ。**ネガティブな言葉をいつも自分に浴びせ続けている人は、ネガティブな心の姿勢を持つように運命づけられる。**

小さな違い
34

「自分は～が苦手だ」という言葉を頭から追い出す

家の中の修理のこととなると、私はからきし駄目である。

水道の蛇口を交換することも、トイレのタンクを修理することもできない。私にとっては、エベレストの頂上に登るほうがまだ簡単なくらいだ。大工仕事や配線工事もできない。製品を買うと、組み立て方を書いた説明書が箱の中に入っているが、私の最大の弱点はそれが読めないことだ。ボルトやネジをどこにどう差し込んだらいいのか、私にはまったくわからない。

私にとって、説明書はスーパーマンにとってのクリプトナイトの石と同じだ。スーパーマンは、本来は悪党が撃った銃の弾丸を胸で跳ね返せるのだが、悪党がクリプトナイトを振りかざすと、スーパーマンはたちまちパワーを失ってしまう。

私の場合も、組み立ての説明書を見ると、たちまちパワーを失ってしまう。私には説明

1822 できる人とできない人の小さな違い 愛読者カード

◆ 本書をお求めいただきありがとうございます。ご返信いただいた方の中から、抽選で毎月5名様に**オリジナル賞品をプレゼント！**
◆ **メールアドレスをご記入いただいた方には、**新刊情報やイベント情報のメールマガジンをお届けいたします。

フリガナ お名前	男 女	西暦　年　月　日生　歳
E-mail　@		
ご住所　(〒　－　) 都道府県　市区郡 電話　(　)		
ご職業　1 会社員　2 公務員　3 自営業　4 経営者 5 専業主婦・主夫 6 学生（小・中・高・大・その他）7 パート・アルバイト　8 その他（　）		
本書をどこで購入されましたか？　書店名：		
本書についてのご意見・ご感想をおきかせください ご意見ご感想は小社のWebサイトからも送信いただけます。http://www.d21.co.jp/contact/personal ご感想を匿名で広告等に掲載させていただくことがございます。ご了承ください。 なお、いただいた情報が上記の小社の目的以外に使用されることはありません。		

このハガキで小社の書籍をご注文いただけます。
・**個人の方**：ご注文頂いた書籍は、ブックサービス（株）より２週間前後でお届けいたします。
代金は**「税込価格＋手数料」**をお届けの際にお支払いください。
（手数料は、税込価格が合計で１５００円未満の場合は５３０円 、以上の場合は２３０円です）
・**法人の方**：30冊以上で特別割引をご用意しております。お電話でお問い合わせください。

◇**ご注文**はこちらにお願いします◇

ご注文の書籍名	本体価格	冊数

電話：03-3237-8321　FAX：03-3237-8323　URL： http://www.d21.co.jp

郵便はがき

料金受取人払郵便

麹町局承認

176

差出有効期間
平成29年3月10日
(切手不要)

1 0 2 - 8 7 9 0

2 0 9

東京都千代田区平河町2－16－1
平河町森タワー11F

Discover
ディスカヴァー

行

お買い求めいただいた書籍に関連するディスカヴァーの本

新社会人のための成功の教科書
ジェフ・ケラー
1400円（税抜）

新人からベテランまで大きな差を生む小さな行動。「失敗を歓迎する」「自分らしさに磨きをかける」「新しいことに挑戦する」など100のアドバイス。

うまくいっている人の考え方　完全版
ジェリー・ミンチントン
1000円（税抜）

人生がうまくいっている人は自尊心が高い。自信を身につけ、素晴らしい人間関係を築き、毎日が楽しく過ごせる100 のヒントを紹介。

心の持ち方　完全版
ジェリー・ミンチントン
1000円（税抜）

自分の才能を見つけるには、どうすればいいのだろうか？ 冒険をすればいいのだ。自分を過小評価せず、今までと違うことに挑戦しよう。

誰でもできるけれど、ごくわずかな人しか実行していない成功の法則　決定版
ジム・ドノヴァン
1100円（税抜）

「人生はこんなもんだ」とあきらめていませんか?実践的でシンプルな夢の見方とかなえ方を紹介します。

ディスカヴァー会員募集中

特典
- 会員限定セールのご案内
- イベント優先申込み
- サイト限定アイテムの購入
- お得で役立つ情報満載の会員限定メルマガ「Discover Pick Up」

詳しくはウェブサイトから!
http://www.d21.co.jp
ツイッター @discover21
Facebook公式ページ
https://www.facebook.com/Discover21jp

イベント情報を知りたい方は
裏面にメールアドレスをお書きください。

書がまったくチンプンカンプンなのだ。そこで妻のドローレスを呼ぶ。説明書を理解することは、彼女にとって朝飯前だ。

どうしてこんなことになったのだろうか。何も自分こそが世界で一番頭がいい男だと主張するつもりはないが、かなり知的なタイプだとは思っている。他の人びとが持っている家の中の修理技能をつかさどる遺伝子が、私には欠落しているのだろうか。いや、そんなことはない。

その答えは明らかである。私はこの四十年間、「機械ものは苦手だ」「私は何の修理もできない」と繰り返し言ってきたからだ。そして見よ！　四十年間にわたりネガティブな言葉を使い続けてきた結果、私は機械ものが苦手で何の修理もできないという強い信念を抱くにいたったではないか。

私自身が自分の使った言葉に注意しなかったせいで、この状況をつくり出したということに注目してほしい。しかし、自分の修理について**ポジティブな言葉を使い始めれば、いずれこれを逆転させることもできる**のだ。

小さな違い

35

自分の抱える問題を「小さなこと」と考える

数年前、私はケント・キュラーズという人物に関する記事を読んだ。彼はNASA（アメリカ航空宇宙局）の地球外生命探索プロジェクトのリーダーで、物理学の博士号を取得している。宇宙に他の生命体が存在することを示唆する無線シグナルをキャッチするソフトウェアを開発しているという。

なにやらスタートレックのような話だ。しかし、誤解してはいけない。これは純然たる科学的調査なのだ。

じつは、キュラーには乗り越えなければならない肉体的ハンディがある。彼はそれを「ささいな悩み」「どちらかというと不便」と表現している。では、キュラーの肉体的ハンディとは何か？　軽い関節炎か、ときおり襲う偏頭痛か？

ケント・キュラーは盲人なのだ。そう、彼はまったく目が見えないのだ。盲人であることを「ささいな悩み」「どちらかというと不便」と表現する。信じられないことではないか！

こういう言葉を使うことによって、ケント・キュラーズは偉大なことをするように自分に力を与えているのだ。彼は自分の限界にとらわれることがない。だから、その結果として限界を超え、目が見える人たちよりも多くのことを成し遂げることができるのだ。

あなたが今、人生で直面している障害は何だろうか？　それを、**超えられない障壁ではなく、「どちらかというと不便」と見なすことで、あなたはどれだけの力を発揮できるだろうか。**想像してみるといい。

小さな違い

36

自分の目標をポジティブな人に話し、勇気づけてもらう

自分の目標に向かって前進するためには、ポジティブな言葉を使うことが大切だ。しかし、人によっては「そのポジティブな言葉は自分に向かってだけ使うのか、他人に向かっても使うのか」という疑問を抱くかもしれない。自分の目標を他人に話すと、うぬぼれていると思われたり、笑われたりするのではないかと心配になるのかもしれない。

この点については、いくつかの指針を示しておきたい。とはいえ、確固たる原則があるわけではない。あなたは自分にとって最もうまくいく方法を選べばいい。

まず、自分に対するポジティブな語りかけをできるだけ頻繁におこなうことだ。私の意見では、たくさんすればするほど楽しい気分になる。自分に話しかけているのだから、他人に聞かれる心配はない。要は、あなた自身がこのポジティブなインプットを何度も聞い

て、それを潜在意識に深く植えつけることが大事なのだ。

次に、自分の目標を他人に話して聞かせるかどうかは、それよりももっと微妙な問題である。私が学んだことは、**ネガティブな人たちと自分の目標について絶対に話し合うな、**ということだ。彼らがすることといえば、ああだこうだと論じ、あなたが成功しない理由をすべて指摘することくらいである。一体誰がそんな「助言」を必要とするのだろうか。たいていの場合、こういう後ろ向きの人は、自分の人生ではほとんど何もしない。彼らは目標も夢も持たずに生きるだけでなく、他人にも成功してほしくないと思っている。

しかし、自分の目標を他人に話すことによって得をすることもある。あなたの努力を全面的に支持してくれるポジティブな人と話をすることを心がけよう。その人は、あなたがその目標を達成すれば心から喜んでくれて、あなたを助けるために全力を尽くしてくれる人であるべきだ。友人や同僚の中に、この役割をしっかり果たしてくれる人がいるかもしれない。あるいは、家族の中にそういう人がいるかもしれない。

小さな違い
37

ポジティブな人に相談して前向きな解決策を得る

私はあなたが目標に向かって前進するためにポジティブな言葉を使うことを提唱している。しかし、これから直面するかもしれない障害を無視したり、他人の意見や感想を軽視したりしようと言っているのではない。

どんな目標に取りかかる前にも、この先に待ち構えていることに対して準備をしておきたいものだ。

力を合わせてがんばってくれている人たちと目標を分かち合うことも大切だ。

たとえば、営業部長がこれからの一年間で売上を二割アップさせたいと考えているなら、その目標をスタッフ全員に知らせるのがいい。そうすれば、全員がその目標を達成するために力を合わせて働くことができる。

これ……くては

ー氏のエピ……書き入れる

ジグラー氏は……た。そして、

当時、彼はある本を書き入……

た」という一文を書き入……

はまだ九十キロもあった。

この本は初版二万五千部だった……くては

いけなくなったのだ。「私は体重を七……書き入れる

ことによって、彼は刊行までに体重を十五……た。そして、

実際に彼はそれをやってのけた。

この戦略はあくまでも選択的に使うようにしたほ……にとって非常に大切な

目標、本気で取り組むつもりでいる目標にのみ限定す……、それは危険を伴うか？

もちろんだ。しかし、これは猛烈にやる気が出る方法である。

小さな違い 39

心を高揚させる言葉を選んで使うようにする

アンソニー・ロビンズはベストセラーとなった『小さな自分で満足するな!』(三笠書房)という本の中でまるまる一章を割き、私たちの語彙が自分の感情や信念、人生における効率性にどう影響を及ぼすかを論じている。ロビンズの哲学すべてに賛成するわけではないが、言葉の力についての彼の考察は的を射ている。

たとえば、誰かがあなたにウソをついたとしよう。そんなとき、あなたは「腹が立つ」と思うかもしれない。

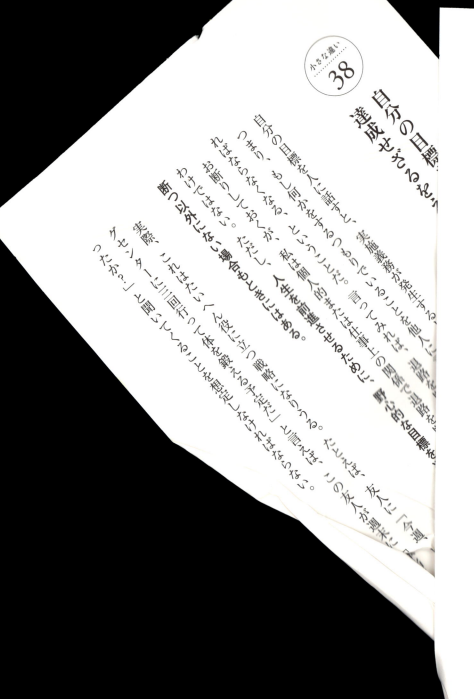

しかし、もし「激怒している」という表現を使ったなら、あなたの生理的反応と行動は大幅に変わるだろう。血圧が上がる、顔面が紅潮する、体中が硬直するといった具合だ。

その反対に、軽く考えて「こりゃマイッタ」と表現したとしよう。感情の高まりはかなりおさまるはずだ。ロビンズの説明によると、**「こりゃマイッタ」と言うときには、「私は激怒している」という言葉を使った場合ほどのネガティブな感情の循環は起こらない**という。その結果、かなりリラックスできるようになるというわけだ。

ロビンズはネガティブな感情の激しさを抑える方法をほかにも紹介している。たとえば、「私はもうダメだ」ではなく「一歩後退だ」、「私は～が嫌いだ」ではなく「～のほうが好きだ」という言い方だ。ポジティブな感情をさらに高めるために、「私は決意している」と言う代わりに「私を止めることはできない」と言ってみてはどうだろうか。「元気だ」ではなく「最高の気分だ」と宣言するのもいい。

こういうエキサイティングな言葉は心を高揚させ、まわりの人たちに大きな影響を与える。こういう表現を使えば、あなたは自分が歩む道を変えることを選んだことになる。

小さな違い

40

ネガティブな言葉を使わないようにする

自分の人生を少し見つめてみよう。

「私にはできない」「～が不得手だ」「それは不可能だ」という表現を使ってきた分野はないだろうか。次のようなセリフを口にする人たちがいることは、誰しも知っているとおりだ。

「私は絵が描けない」

「私は数学が苦手だ」

「私は人の名前が覚えられない」

「私にはそれだけのお金を儲けることができない」

十年、二十年、三十年にわたって、来る日も来る日もこういうセリフを繰り返していると、自分の心を失敗に向けて設定することになる。結局、心の姿勢の問題だ。

これらのセリフのどれをとっても、ネガティブな心の姿勢を表している。汚れた窓を通して世界を見るなら、あなたはネガティブな言葉を使うようになり、がっかりするような結果しか得られない。

幸いなことに、**あなたは自分の言葉をコントロールできる。**ポジティブな信念体系を構築して自分の望む結果を出す能力を持っているのだ。その第一歩は、自分が日ごろ使っている言葉を意識することだ。

次項と次々項では、人生のカギとなる四つの重要分野（人間関係、経済状態、仕事、健康）で、あなたがこれまで使ってきた言葉を点検してみよう。

小さな違い

41

よくない相手や貧乏な状況を引き寄せる言葉を使わない

【人間関係】

あなたは「いい男（女）はみんな空いていない」とか、「私はいつも人に利用されている」といったセリフを口にしてはいないだろうか。

もしこういうセリフをよく口にするなら、あなたは不幸な人間関係へと自分を方向づけていることになる。あなたの心は、あなたが発するすべての言葉を聞き入れ、あなたが正しいことを証明しようとする。**「いい男（女）はみんな空いていない」といったセリフは、あなたをがっかりさせたり利用したりするような相手だけを引きつける。**それがあなたの望みだろうか。そうでないなら、そのようなネガティブなセリフを繰り返して、それを自分の心に焼きつけるのはやめることだ。

【経済状態】

あなたは自分の今の経済状態と将来の見込みを表現するために、どういう言葉をふだん使っているだろうか。

「私はいつも借金をしている」「景気が悪い」「誰も買ってくれない」といったセリフは、確実にあなたの足を引っ張る。繁栄や好景気を自分に確信させるような言葉を使うことが大切だ。もちろん、話し方を変えて数日たてば豊かな財産が手に入るというわけではない。しかし、あなたの信念が変わって初めて、物理的な条件が変わる。

この世の裕福な人たちは、貧乏な状態を嘆くことによって裕福になったのではない。一般に、**「お金がない」といつも不満を言っている人たちが、お金を貯めることはあまりない**ものである。

小さな違い
42
仕事や健康に関して、安易な発言をしない

［仕事］

今後十年間の仕事の見通しについて問われたら、あなたはどう答えるか。

もしあなたが「自分の仕事がどうなるかなんてわからない」と答えるなら、あまり多くの変化はおそらく起こらないだろう。そのようなセリフは、ビジョンと方向性の欠如を表しているからだ。

一方、もし明確な目標を掲げることができるなら、あなたがその目標を達成できる可能性はかなり高い。当然のことながら、同じことはあなたが自分で起業する場合にもあてはまる。

【健康】

言葉は健康に大きな影響を及ぼす。これは疑いようのない事実だ。

たとえば、あなたがおいしい料理を数人の仲間と食べたとしよう。二時間ほどたって、仲間から電話で「いっしょに食べた者はみな、食中毒で救急病院に運び込まれた」と連絡が入った。あなたはその知らせを受けて、どうなるだろうか。それまでとても気分がよかったのに、腹を押さえ、青ざめ、気分がとても悪くなるだろう。なぜか？ ネガティブな言葉があなたの心の中にひとつの信念を植えつけ、あなたの体がそれに対して反応したからだ。もし、それが真っ赤なウソだったとしても、同じ反応を示していたことだろう。**あなたの体は、自分自身を含むすべての人が言う言葉に反応する。**「私の慢性の腰痛は絶対に治らない」とか「私は毎年、三回か四回はひどい風邪をひく」といったセリフを繰り返すことで、あなたは自分の体に痛みと病気を出すよう指示してしまっているのだ。

誤解しないでほしい。私は何も、「痛みと病気を否定しなさい」とか「どんな病気も克服できる」などと言うつもりはない。しかし、苦痛と不治の病を強調するような言葉を使っても何も得るものはない。それどころか大きな害があることだけは間違いない。

小さな違い
43
自分をよい方向に向ける言葉だけを選び、使う

前の二項で扱った四つの分野で自分が使っている言葉について、あなたはよく考えたことがあるだろうか。

あるセリフを何度も繰り返すと、脳の中に「溝」ができたような状態になる。私たちは壊れたレコードのように頭の中で同じ歌詞を何度も繰り返す。困ったことに、そういう言葉を繰り返しているうちに、溝がますます深くなり、心の中で同じ神話を何度も上演し、同じ古い信念を強化し、同じ結果を得ることになる。

しかし、今までそういうセリフを口にしてきたからといって、これからも盲目的に同じことを続ける理由はどこにもない。

自分の言葉に変化を起こすにはある程度の自制心と警戒心が必要になるが、それだけの

努力をする価値は十分にある。
だから、これからは、**自分を目標に向かって前進させるような言葉を意識的に選ぶこと**を心がける必要があるのだ。あなたが今までの癖を出したら、ストップをかけるように友人に頼んでおくといい。

このことは心に留めておこう。あなたが人生で手に入れたいものに向かって進めるような言葉の使い方をするかどうかは、あなたしだいなのだ。

これからは自分が本当に歩みたい道にぴったり合う言葉を使い、それに基づいて行動を起こし、素晴らしい方向に進み始める自分の姿を見ようではないか！

第7章

最高の自分を創る

「元気だ」とか「すべて順調だ」と言えば、
神はあなたの言葉を聞いて
それをかなえてくださる。

——エラ・ウィルコックス（アメリカの詩人）

空が曇っていようと、
気分は晴れやかでいられる。

——ウィリアム・アーサー・ウォード（アメリカの詩人）

小さな違い 44

「調子はどう？」にネガティブに答えるのはやめる

「調子はどう？」と尋ねられることは多い。挨拶みたいなものだから、あまり考えずに答えてしまっているだろうが、この問いかけにどう答えるかは、実は重要な問題なのである。あなたはどう答えているだろうか。その短い答えがあなたの心の姿勢について多くを物語る。逆に、あなたの答えがあなたの心の姿勢を形成することもありえるのだ。

私の観察によると、「調子はどう？」という言葉への答え方は、三つのカテゴリーに分類できる。すなわち、ネガティブ、平凡、ポジティブだ。この項ではまず、ネガティブと平凡の両カテゴリーについて検証してみよう。

ネガティブな答え方には、たとえば次のようなものがある。

「ひどい気分だ」「最低だ」「見ればわかるだろう」「聞かないでくれよ」

こう答える人は、不平不満をいっぱい並べ、私が「調子はどう？」と尋ねたこと自体を後悔させる。こういうネガティブなセリフがあなたの心の姿勢をダメにし、まわりの人びとを遠ざけていることに気づいてほしい。

平凡な答えをする人たちは、ネガティブな連中よりはまだましだ。だが、まだまだ改善の余地はある。彼らがよく口にするセリフをいくつか紹介しよう。

「まあまあだ」「よくもなく悪くもないね」「なんとかやっているよ」「相変わらずさ」

あなたは、人生が「よくもなく悪くもない」と考えている人と多くの時間をいっしょに過ごしたいだろうか。そういう人と仕事の取引をしたいだろうか。こういう言葉を使っているときは、自分のエネルギーを減らしている。あふれんばかりの情熱の持ち主が胸を張って「まあまあだね」などと言っている姿を、あなたは想像できるだろうか。

率直に言おう。平凡な答え方をする人たちは、平凡な心の姿勢を身につけ、平凡な結果を得る。あなたはそんなことを望んではいないだろう。

最後に残ったポジティブな答え方については、次項で見てみよう。

小さな違い

45

「調子はどう？」と尋ねられたら「最高だよ！」と答える

最後に、「調子はどう？」へのポジティブな答え方を紹介しよう。あふれんばかりの情熱の持ち主が口にするセリフだ。

「元気、元気！」「最高だよ！」「絶好調！」「完璧だね」

あなたはポジティブな答え方の例を見たとき、どう感じたか。正直に答えてほしい。

こういうポジティブな言葉を使う人たちは足取りも軽く、いっしょにいるだけでこちらまで気分がよくなってくる。私が今日会いたいのは、まさにこういう人たちだ。私はこういう人たちといっしょにビジネスをしたいと思っている。

前項に戻って、ネガティブな答え方と平凡な答え方の例にもう一度目を通してほしい。それを声に出して言ってみよう。どんな気分になるだろうか。落ち込んでくるはずだ。

もうおわかりだろう。私はできることなら、ポジティブで元気はつらつとしている人たちといっしょにいたい。ネガティブでやる気のない人たちは願い下げだ。「誰もが部屋を明るくする」という古い格言は言い得て妙だ。すなわち、**入ってくると部屋が明るくなる人もいれば、出ていくと部屋が明るくなる人もいる。**どちらにしても人は部屋を明るくするというわけだ。あなたは、入ってくると部屋を明るくする人になりたいはずだ。

私の場合、「調子はどうですか?」と人から尋ねられれば、たいてい「最高だよ!」と答えるようにしている。そうすることによって自分のポジティブな心の姿勢が相手に伝わるし、私自身、このセリフを口にすればするほど最高の気分になることができるからだ!

小さな違い 46

ネガティブな言葉が浮かんでも、ポジティブな言葉に切り替える

ネガティブ、平凡、ポジティブの各カテゴリーの典型的な答え方について調べた。あなたはこれらのセリフのうち、どれを最も頻繁に使っているだろうか。あなたの友人や家族はどういう答え方をしているだろうか。

もし自分がネガティブか平凡なグループに入っていることに気づいたなら、答え方をすぐに改めてポジティブなグループに入ることを考えよう。

理由はこうだ。「調子はどう?」と聞かれて、「ひどいもんだ」とか「あまりいい気分じゃないよ」などと答えれば、生理的に悪影響が出る。肩が落ち、首がうなだれ、落ち込んでいる姿勢になりやすい。

感情面ではどうだろうか。「最低の気分だ」と言ったあとで、あなたは気分がよくなる

だろうか。もちろん、そんなことはない。**ネガティブな言葉と思考はネガティブな感情を生み、やがてネガティブな結果を生じる。**だから、あなたはさらに気分が滅入ってくるはずだ。

それを断ち切るかどうかは、あなたしだいだ。前途有望なビジネスの取引が破談になったとか、子どもが学校で悪い成績をもらったなど、「最低の気分だ」と言いたくなる状況が現実に存在しても、ネガティブな心の姿勢では状況を改善できない。

さらに悪いことに、あなたの平凡かネガティブな答え方はまわりの人びとをうんざりさせてしまう。あなたのまわりにいてあなたの悲観的な言葉を聞いているだけで、人びとは気分が滅入ってしまうのだ。

小さな違い 47

どんなときでも、ポジティブで元気のいい言葉が出るように練習する

ネガティブな結果がすべて自分の言葉から生じるなら、なぜそのような言葉を使い続けるのか。理由は、言葉とその結果を自分自身が選択できるということを認識していないからだ。身についた習慣に従っているだけなのだ。何の役にも立たない習慣なのに……。

あなた自身の言葉が現実になる。もしあなたが「何もかもひどい」と言えば、あなたの心はその言葉を実現するような人や環境に引きつけられる。その反対に「人生は素晴らしい」と何度も繰り返して言えば、あなたの心はポジティブな方向に進み始める。

たとえば、「素晴らしい」とか「最高だ」と答えるとき、何が起こるか考えてみよう。

これらの言葉を口にすると、あなたの生理機能はその楽天的な言葉に合わせる。体調がよくなり、動作がきびきびする。表情はいきいきとしてくる。まわりの人はあなたのエネ

ルギーとバイタリティに引きつけられる。職場や私生活での人間関係は改善される。

これは、「大きな差を生む小さな違い」のひとつであると断言できる。十五年ほど前、私は元気なさそうに「まあまあだよ」と答えていた。これが何を意味するかは、もうおわかりだろう。私は「まあまあ」の人間関係を築き、「まあまあ」の成功を収め、「まあまあ」の心の姿勢で、「まあまあ」の人生を送るように設定していたのだ。しかし、私は幸運なことに、「まあまあ」の人生で妥協する必要はないことを学んだ。そこで、数段階レベルアップし、「絶好調だ」と答え始めた。しかも、元気よく言った。最初は少しぎこちなかったし、奇異な目で見る人もいた。しかし、一週間もすると板についてきて、すごく気分がよくなったし、みんなが私と話すことに興味を持ってくれるようになった。私はこれには驚いた。

これはけっして複雑で高度な技術ではない。**心の姿勢をポジティブにするためには、才能もお金もルックスもいらない。**ポジティブで元気のいい答え方をする習慣を身につけさえすれば、私と同じエキサイティングな結果が得られるのだ。

小さな違い
48

複数ある自分の感情のどこに焦点を当てるかが重要

「調子はどう?」と聞かれて「最高だ」と答えるよう勧めると、いつも決まってこんな質問が出る。「でも、実際に調子がよくなければどうすればいいのですか。物事が順調にいっていないのに最高などと言うのは、ウソをつくことになるから抵抗を感じるのですが」

誤解しないでほしい。私は正直であることに最高の価値を置いている。説明しよう。

たとえば、サリーという女性が疲れているとする。同僚が「調子はどう?」と尋ねると、彼女は正直に「疲れている」と答える。すると、どうなるか。サリーは、自分が疲れているという信念を強化する。その結果、彼女は非生産的な一日を送ることになる。サリーは一日の激務を終えて、やっと家に帰った。すっかり疲れ果てている。座って新聞を開き、宝くじの当選番号を調べる。なんと、当選している! 賞金は一千万ドルだ! サリーはどうするか。大歓声をあげて椅子から飛び上がるに違いない。エネルギーのかたまりのようになって、彼女は家族や友人に電話をかけ、賞金の使い道を考える。

しかし、ちょっと待ってほしい。十秒ほど前、この女性は疲れ果てていたはずだ。それが今では、十代のチアリーダーのように元気だ。この十秒間に何が起こったのだろうか。栄養注射でもしてもらったのか。そうではない。彼女の変身は極めて精神的なものなのだ！

お断りしておくが、私はサリーの感情を軽んじようとしているのではない。疲れているのは本当だっただろう。これはサリーが何に焦点を当てたかという問題なのだ。**疲れていることに焦点を当てることも、その反対に、自分の人生が恵まれていることに焦点を当てることもできる**のだ。私たちがどう感じるかは、主観的な問題であることが非常に多い。「疲れている」と自分に言い聞かせれば、疲れを感じるようになる。「最高の気分だ」と言い聞かせれば、元気が出てくる。私たちは自分が考えているような人間になるのだ。

小さな違い 49

本当に最高の気分でなくても、最高の気分であるようにふるまう

これからの一か月間、こんな実験をしてみよう。

職場の同僚であれ、スーパーマーケットのレジ係であれ、誰かが「気分はどうですか？」と尋ねてきたら、「最高の気分だ」とか「絶好調！」と情熱的かつエネルギッシュに答えるのだ。ほほ笑みを浮かべながら、そう言おう。

その時点で本当に最高の気分であるかどうかは問題ではない。そのようになりきることが大切なのだ。

言い換えれば、**よりポジティブになりたいなら、すでにそうであるかのようにふるまう**のだ。そうすれば、自分が本当にポジティブになっていることにまもなく気づくはずだ。

そういうセリフを口にすることに最初のうちは少し抵抗を感じるかもしれないが、心配する必要はない。ずっと続けているうちに、やがて慣れてくる。あなたは気分がよくなり、人びとがあなたのまわりにいたいと思うようになり、ポジティブな結果が出ることにすぐに気づくだろう。

あなたが「最高の気分だ」と言っている声が、私にはもうすぐ聞こえてきそうだ。

第8章

不満を言わない

幸せになる秘訣とは、
悩みごとの足し算をするのではなく、
自分が恵まれている面を数えることだ。

――ウィリアム・ペン（イギリスの宗教家）

悩みは赤ん坊と似ている。
どちらも自分一人で抱えているうちに
どんどん大きくなる。

――レディ・ホランド（イギリスの詩人）

小さな違い

50

不満を言いすぎていないか、振り返ってみる

誰かが自分の抱えている問題と不満を全部あなたにぶちまけたなら、あなたはどういう気分になるだろうか。

あまり気分のいいものではあるまい。いつも不満ばかり言う人といっしょにいたいと思う人など、どこにもいないのだ。おそらく唯一の例外は同類の人くらいである。

もちろん、誰でもときには不満を言うことがある。大切なのは、どれくらい頻繁に不満を言うか、ということだ。

自分があまりにも不満を言いすぎているのではないかと思うなら、友人や親兄弟、同僚に尋ねてみるといい。

とはいえ、解決策を探るために問題点をあげることは、ここで言う「不満」ではない。それは建設的であり立派なことだ。

また、親しい人に悩みを正直に打ち明けることとも違う。自分のさまざまな悩みを打ち明けてお互いを支え合うことも、ときには必要なのだ。

それについては、いい言葉がある。

「悩みは赤ん坊と似ている。どちらも自分一人で抱えているうちにどんどん大きくなる」

小さな違い

51

解決できない不満は口に出さない

不満を言うことで逆効果となるのはどういう場合か、いくつか例をあげて説明しよう。

よくある不満のひとつが病気の話だ。「腰痛が死ぬほどつらい」とか「偏頭痛で困っている」というものだ。さらにひどいことに、病気を生々しいほど具体的に描写する人もいる。同僚から「吐き気がする」と言われて、あなたは一日を快適な気分で過ごせるだろうか。私に何ができるというのか。私は医者ではない。同情を求めているのかもしれないが、あなたがしていることは、私を不快な気分にさせることと自分の苦しみを強化することだけなのだ。病気の不満は、「エスカレートの法則」が醜く作用することも多い。「風邪でひどい目にあった」と友人に言えば、あなたをさえぎってこう言うだろう。「そんなのたいしたことないよ。私が風邪をひいたときなんか、熱が四十度以上も出て救急病院に運び込まれたんだ」。あなたが「腰が痛い」と言えば、相手は自分の腰の痛みに話題をすり替えるだろう。不満を言う者は負けず嫌いだ。彼らの痛みはつねにあなたの痛みよりもひどい！

よくある不満のもうひとつは天気だ。雨が降り出すと、人びとは「今日はうっとうしい日になりそうだ」と言う。空から水滴が落ちてきただけで、なぜうっとうしい日になるのか。誰かが私にこう言ったら、私は「たしかに湿っぽいが、素晴らしい日だ」と答える。「うっとうしい日」を連想することで、自分をネガティブな方向に設定してしまう。そのうえ、天気についていくら不満を言っても、状況は変わらない。自分がコントロールできないこと、しかも人生にたいした影響を及ぼさないことに気分を害しても何の役にも立たない。

最後に、「ウエイターがなかなか注文を取りに来ない」といった、ささいなことに不満を感じる人もいる。

人生にはそんなにくだらないことに悩んでいられないほど、困難な問題が数多く用意されている。もし本当に心配するに値する問題を抱えたときに、きちんと反応できるかが大事なのである。

小さな違い
52

自分が感謝すべきことを全部書き出してみる

私は、不満を言う人たちは落ち着いて状況を眺めることができていないことに気づいた。彼らは自分の問題を実際以上に大きく考える傾向がある。タイヤがパンクしただけで大騒ぎをしている友人はいないだろうか。結婚式の席順でもめただけで親族と縁を切った人はいないだろうか。落ち着いて状況を眺める能力が彼らに欠如していることは明らかだ。

エディー・リッケンバッカーといえば「アメリカの撃墜王」の異名をとり、のちに航空会社の経営者となって大成功を収めた人物である。彼は、第一次世界大戦のさなか、太平洋の真ん中をいかだで二十一日間も漂流するという苦難を乗り越えたあと、「飲み水と食料が十分にあるなら、どんなことにも絶対に不満を言うべきではない」と語っている。

ではここで、私が感謝していることをいくつか述べよう。

・自分が健康であること、妻も健康であること
・住む場所と十分な食料・飲み水が確保できていること
・自分の仕事が好きであること
・旅をして素晴らしい人と出会える機会があること
・多くの親友に恵まれていること

以上は私の人生で恵まれていることの一部でしかない。ところが、である。**これだけ素晴らしいことがあるのに、ときにはそれを当たり前のことと思ってしまう**のだ。それに気づいたとき、私はこれらの恵まれていることを思い出すよう心がけている。すると、心の姿勢がポジティブになり、しっかりと軌道修正ができる。

あなたが最近、不満に思っていることは何だろうか。それは本当に「命にかかわる」ほどの問題なのだろうか。今度、不満を言いたくなったら、感謝しなければならないことを全部書き出してみよう。この方法は不満を確実に吹き飛ばしてしまうはずだ！

小さな違い

53

不満を言うひまがあったら解決するためにエネルギーを注ぐ

不満を言わないかわりに、何もせずただじっと人生の問題をすべて無視すればいいなどと言うつもりはない。

私が言いたいのは、不満を言うことではなく、問題を解決するか、少なくとも問題を軽減するための方法にエネルギーを集中したほうがずっといいということだ。たとえば、あなたが最近少し疲れ気味だとしよう。そんなとき、体調がよくないことをみんなに言ってまわるのではなく、日ごろからもっと運動をするとかもう少し早く寝るほうが建設的だ。

おさらいをしよう。不満は三つの意味で逆効果だ。

第一に、あなたの病気や問題など誰も聞きたくはないということ。

第二に、不満を言うことによって、あなたの痛みと不快感が強化されるということ。なぜわざわざ苦しくてネガティブな記憶を再生する必要があるのか。

第三に、不満を言ったところで何も達成できず、注意がそれてしまうために、自分が置かれている状況を改善するための建設的な行動を起こせなくなるということ。

一説によると、あなたのまわりにいる人びとの九割はあなたの問題に関心がなく、しかも、残りの一割はあなたが問題を抱えていることを喜んでいるという。

私たちは不満を言うのを減らすことができる。これからは、自分と他人を大事にし、会話をポジティブな内容のものにしよう。

あまり不満を言わない人（そしてポジティブなことを話す人）は、いっしょにいて楽しい。そういう人たちの輪に入る決意をしよう。そうすれば、あなたがやって来たのを見て相手が逃げていかなくてもすむ。

第9章

ポジティブな人たちとつきあう

鏡は人の顔を映し出すが、
その人が実際にどういう人物であるかは、
どういう友人を選んでいるかに表れる。

——聖書

よい友人は健康にもよい。

——アーウィン・サラソン（アメリカの医学者）

小さな違い

54

ポジティブな友人を選んでつきあう

マイクは高校時代、近所の仲間たちとずっといっしょにいた。ゲームセンターで遊んだり、じっと座り込んで車が行き交うのを見ていたりという毎日だった。夢も目標もなかった。仲間たちはいつもネガティブだった。マイクが「何か新しいことをしよう」と持ちかけても、彼らは決まって「ダメだ」「面白くないぜ、きっと」とケチをつけるのだった。だが、マイクはグループの一員であり続けるために、ひたすら彼らと歩調を合わせた。

大学進学後も、マイクはネガティブな人たちに出くわした。しかし、一方でポジティブで学習意欲にあふれる人たち、何かを達成したいと思っている人たちにも出会った。マイクはポジティブな人たちといっしょに過ごすことに決めた。すると、すぐに気分がよくなった。心の姿勢が改善され、目標を設定し始めた。

うれしいことに、今ではマイクは会社を経営して成功を収め、素晴らしい家庭を築き、目標をすべて達成している。高校時代の仲間はどうなったのかと尋ねたところ、「まだ同じ地域に住んでいますよ。人生に対してまだネガティブなままです。彼らはいまだに何も成し遂げていません」ということだった。さらに、「ああいう連中とつきあい続けていたなら、今の自分は絶対にないでしょう。きっと私は、まだゲームセンターでピンボールをやって遊んでいると思いますよ」とも語る。

マイクの体験は、他人が自分の人生にどれほど影響を及ぼすかについて如実に物語っている。私たちには好ましくない人と交わる癖があり、その影響についても考慮していない。

聖書に「**鏡は人の顔を映し出すが、その人が実際にどういう人物であるかは、どういう友人を選んでいるかに表れる**」という言葉がある。この簡単な言葉に多くの知恵が秘められている。子どものころ、あなたが誰とつきあうかに親がどれだけ関心を持っていたか覚えているだろう。親はわが子の友だちに会って、ありとあらゆることを知ろうとした。なぜか？　子どもが友だちの影響を非常に受けやすいことや、癖や言動が似てくる傾向があることなどを知っているからだ。なるほど、親が心配するのももっともだ。

小さな違い

55

ポジティブな人の近くにいて、ポジティブになる

英語には、「毒になる人」「栄養になる人」という言い方がある。

毒になる人とは、ネガティブなことにいつもこだわる人のことだ。言葉の毒をたえず撒き散らす。対照的に、「栄養になる」とは「成長を促す」という意味だ。栄養になる人はポジティブで相手を支援する。気持ちを盛り上げてくれるから、いっしょにいて楽しい。

毒になる人は、いつも相手を自分のレベルにまでひきずりおろそうとする。あなたができないことをすべて指摘して攻撃する。「不景気だ」「困っている」「まもなくあなたの人生に問題が起こるだろう」「将来、ひどい事態が予想される」というような、あなたの気分を滅入らせることを面と向かって平気で口にする。さらにご丁寧なことに、自分の体調がよくないこともつけ加えるかもしれない。

毒になる人の話を聞くと、あなたはすっかり暗い気分になって落ち込んでしまう。こういう人のことを**「ドリーム・キラー（夢を壊す人）」**と表現した本を読んだことがある。また**「エネルギーの吸血鬼」**と書いた人もいる。相手のポジティブなエネルギーをすべて吸い取ってしまうという意味だ。ネガティブな人といっしょにいて、全身のエネルギーを吸い取られるように感じたことはないだろうか。誰でもそういう経験を何度もしていると私は思う。ひとつ確実に言えることは、毒になる人といっしょに過ごしていると、その人のネガティブなメッセージのためにたいへん疲れるということだ。

逆に、ポジティブで情熱にあふれ、支えてくれる人のまわりにいると、どういう気持ちになるだろうか。エネルギーとやる気が出てくるはずだ。ポジティブな人には本当に驚異的な面がある。部屋を明るくするようなポジティブなエネルギーを持っているように思えることがある。そういう人のまわりにいると、自分までその人の心の姿勢が身について、自分の目標を情熱的に追い求める力がさらに強くなったように感じるのだ。

小さな違い

56

心をポジティブなメッセージで満たす

ラジオで音楽を聞いていて、「なんてくだらない曲だ」とつぶやいた経験は何度もあるはずだ。そのあと同じ日に同じ曲をまた耳にする。翌日、また同じ曲を何度か耳にする。その曲がヒットチャートを上昇するにつれて、あなたはそれから逃れられなくなる。その曲を一週間、来る日も来る日も耳にする。

そうしているうちに、信じられないことが起こる。あなたは家でくつろいでいるとき、突然、その曲を口ずさみ始めるのだ。もし私がそのときに尋ねれば、あなたは「くだらない曲だ」と答えるだろう。

では、なぜあなたはその「くだらない曲」を口ずさんでいるのだろうか？　何度も繰り返して聞いたことは、それが何であれ、どうしても意識の前面に出てくるからだ。

しかし、いったんその曲が下火になってラジオであまり流れなくなると、あなたはその曲のことをあまり考えなくなり、一人で口ずさむこともほとんどなくなる。

ここに重要な教訓がある。**心は、繰り返される内容について考える傾向がある。**不幸なことに、心は有益なメッセージと有害なメッセージを区別しない。私たちは何かを繰り返し聞いていると、それを信じ、それに基づいて行動する傾向がある。だから、何度も繰り返される曲について考えるのと同じように、成功について何度も繰り返し考えているうちに成功しようと考えるようになる。

自分の心をポジティブなメッセージで満たせば、私たちはよりポジティブになって目標を達成しようとして大胆に前進するようになる。強化される信念がポジティブであればあるほどいい。では、どうやってポジティブな信念を強化するか？　ひとつの方法は、やる気が出てくる本を読むことだ。おめでとう。あなたは今、まさにそれをしているところだ。それに加えて、ポジティブな人たちと多くの時間を過ごすことを心がけよう。

小さな違い

57

ネガティブな人とのかかわりを減らす

たとえ何年間も温めてきた友情であっても、それをときおり見直すことは、非常に大切である。これはささいな問題ではない。あなたの時間を占領する人たちは、あなたの心に大きな影響を及ぼすのだ。ネガティブな友人たちと余暇の大半をいっしょに過ごしていないか。もしそうなら、そういう人たちと過ごす時間をかなり減らすかゼロにしたほうがいい。

厳しい助言のように聞こえるかもしれない。このことをセミナーで話すと、必ず誰かが手を挙げて私のことを「冷たい」とか「思いやりに欠ける」と批判する。たいていの場合、聴衆は「ネガティブな友人は見捨てるのではなく、助けてあげるべきではないか」と反論するのだ。もちろん、あなたは自分が最善だと思うことをすればいいし、それなりの事情というものがあるから、それを考慮して対処しなければならない。しかし、ほとんどの場合、ネガティブな友人たちとつきあっても、その友人のプラスにはならないだけでなく、あなたのプラスにもならない。**ネガティブな人たちは自分を変えたいと思っていないから、彼らとかかわっているすべての人が損をする。**彼らはただ自分の苦労話を誰かに聞いてほしいだけなのだ。もちろん、他人がネガティブな心の姿勢を改善するのを手伝うことは素晴らしいと私は思う。しかし、もしあなたがそれを何年も続けて効果がなかったなら、そろそろ新しい道を歩み始める時が来ているのかもしれない。

要点を明確にしておこう。私はここで、ネガティブな人が他の人たちよりも価値がないというような判断をしているのではない。私が言っているのは、ネガティブな人たちと交わっていると何らかの結果が生じるということだ。その結果とはどういうものか？　本来なら幸福になり、成功を収めることができるかもしれないのに、それが思うようにできなくなるということだ。

小さな違い
58

ネガティブな肉親とはあまり話さないようにする

毒になる肉親がいる場合、あなたはどうするか。

これはかなりデリケートな問題である。私としては、あなたが家族に背を向けないことを提案したい。家族のきずなは大切なものであり、私たちは調和のとれた家族関係を維持するためにあらゆる努力をしなければならない。

とはいうものの、毒になる人たちがあなたの人生に及ぼす影響を減らすために何らかの対策を講じたほうがいいことは確かである。ひとつの対策として、それらの人たちと縁を切ったり口をきくのをやめたりするのではなく、かかわりをいくらか制限するといい。

たとえば、ネガティブな肉親がいて、あなたをけなしたり、あなたのやることなすことすべてに文句を言ったりするなら、あなたは一日に何度も彼らと話をするようなことは避けたほうがいい。そんなことをしても何の得にもならないからだ。現代人はテレビやラジオ、新聞でいやというほどネガティブな話題を提供されている。そのうえ肉親からもネガティブな話題を聞く必要があるだろうか？　私はそうは思わない。

では、相手が肉親であれ友人であれ、同じようにうまくいく方法を提案しよう。会話がネガティブな話題へと移ったときに、相手をネガティブだと非難したくなる気持ちを抑えるのだ。相手を非難すれば、それだけ事態が悪化するだけだ。そこで、**会話をよりポジティブな話題へと変えるようにするといい。**

もう一度繰り返すが、私はあなたが肉親と縁を切ったり家族の集まりに参加したりするのをやめることを勧めているのではない。大切なのは、ネガティブな肉親と接するのを制限して彼らのレベルにまで引き下げられないように気をつけることだ。

小さな違い 59

職場のネガティブな人と必要以上にかかわらない

どの組織にもネガティブな人が何人か働いている。

あなたもときにはこれらの人たちと接触し、いっしょに働かなければならないだろう。しかし、わざわざ希望のない暗い見通しばかりを予言する人たちといっしょに過ごすようなことをしてはいけない。

たとえば、職場のネガティブな人たちと頻繁に昼食をともにしているのなら、それはやめたほうがいい。彼らがすることといえば、あなたの心をネガティブな気持ちでいっぱいにすることくらいだ。これらの人たちがあなたの心の中にネガティブな「ゴミ」を投棄すれば、あなたはベストコンディションで仕事に打ち込めなくなる。

だからといって、彼らにつらくあたったり叱ったりする必要はない。**毒のある人たちから自分を遠ざけるための処世術を身につければいい**のだ。

まず、先手必勝の精神で臨むことだ。自分のデスクで食べるとか、食堂内の違うテーブルで食べるなど、昼食をポジティブな経験にするために可能なことは何でもするといい。

誤解しないでほしい。ポジティブな人はどの組織でも歓迎される。ネガティブな人は自分の昇進の機会を逸している。ネガティブな労働者の問題はあまりにも深刻で、私は最近、「心の姿勢に問題のある従業員を合法的に解雇する方法」と銘打ったセミナーのパンフレットを郵便で受け取ったほどだ。

職場の生産性に関しても、心の姿勢がすべてだ。ビジネスの世界もようやくこの事実に目覚めつつある。

小さな違い
60
自分をより高いレベルに引き上げてくれそうな人を友人にする

つきあっている人を見れば、あなたがどういう人物であるかがわかる。

昇給や昇進を勝ち取る、仕事で成功する、人間的に向上する。こういったことを真剣に考えるなら、あなたは自分をより高いレベルにまで引き上げてくれる人たちとつきあわなければならない。

有益な人たちとのつきあいが増えるにつれて、あなたは気分がよくなり、自分の目標を達成するためのエネルギーが湧いてくるだろう。

あなたはさらにポジティブでエネルギッシュな人物になり、人びとがいっしょにいたいと思う存在になるだろう。

私はかつて、ポジティブな人たちとつきあって、ネガティブな人たちとのかかわりを制限することは大切だと思っていた。しかし、今では、物事を次々に成し遂げて幸せになりたいなら、それは大切どころか不可欠だと考えている。

ポジティブで有益な人たちと交わろう。彼らはあなたを成功へと押し上げてくれるはずだ。

第10章

恐怖心と向き合う

あなたが恐れていることをしろ。
そうすれば、
恐怖心は確実に死滅する。
――ラルフ・ウォルドー・エマソン（アメリカの詩人・思想家）

財産を失う者は多くを失い、
友人を失う者はもっと多くを失う。
だが、勇気を失う者はすべてを失う。
――セルバンテス（『ドン・キホーテ』を書いたスペインの作家）

小さな違い

61

不安なことをすすんでする

モチベーションが専門の講演家ギル・イーグルズの話を聴衆に交じって聞いていたとき、あるひとことがまもなく私の人生を変えることになるとは思ってもみなかった。

その日、ギルは素晴らしい講演をおこなった。彼は素晴らしいことを数多く言ったが、その中でも傑出していたのは、このひとことだった。

「成功したいなら、あなたは不安に感じることをすすんでしなければならない」

私はその言葉をけっして忘れないだろう。彼の話は的を射ている。

自分の目標を達成し潜在能力を発揮するには、不安なことをすすんでしなければならない。つまり、怖くてできないことをするのだ。それが潜在能力を開発する方法である。

簡単なことのように聞こえるだろう。しかし、恐ろしい状況や新しい活動に直面したとき、ほとんどの人はどうするか？　怖いことから逃げるばかりで行動を起こさない。私にはその気持ちがよくわかる。私自身、三十歳になるまでずっとそうしてきたのだ。だからこそ、それは負けるための戦法であると断言できる。

成功者とは、恐怖心と向き合って行動を起こす人のことなのだ。

小さな違い

62

自分が何を恐れているかはっきりさせる

新しいことや困難な活動に挑戦する前に、怖くなったり不安になったりしたことはないだろうか。恐怖心のために行動を起こせなかったことがないだろうか。

恐怖心のために身動きできなかったことが一度や二度はきっとあるはずだ。私は、ある。人間とは、そういうものなのだ。

もちろん、人によって恐怖心の度合いが異なる。ある人にとっては死ぬほど怖いことでも、別の人にはほとんど影響を及ぼさないこともある。

たとえば、ある人たちは人前で話したり事業を起こしたりすることを恐れる。また、他の人たちは人に道を聞いたり異性をデートに誘ったりすることを恐れる。自分の恐れていることがどれだけささいで取るに足りないとわかっていても、怖いものは怖い。この教訓はあなたにもあてはまる。

ここで言う恐怖心とは、絶壁の上から飛び降りるとかバンジージャンプをするといった、生命を失う恐れのある物理的なリスクのことを指しているのではない。私もそういうことは怖いので、どちらもするつもりはない。私がここで言いたい恐怖心とは、個人的または仕事上の成長を阻む難題のことだ。あなたはそれを恐れている。しかし、**人生で欲しいものを手に入れるには、恐怖心と向き合うことが必要である**と知っているはずだ。


私はセミナーで聴衆一人ひとりにカードを配り、自分の仕事上の業績アップと個人的な成長を阻んでいる恐怖心を匿名で書いてもらっている。そしてカードを集め、声に出して読み上げる。

あなたは聴衆がカードに何を書いていると思うだろうか。ほとんどの場合、職業や地域に関係なく、同じ答えが返ってくるものだ。人びとが抱えている最も一般的な恐怖を、次項で列挙してみよう。

小さな違い
63

恐怖心を見つめ、乗り越える

セミナー参加者が書いてくれた、業績アップや自己成長を阻んでいる恐怖心は以下のようなものだった。

1　人前でスピーチやプレゼンテーションをすること

大多数の人びとにとって、これは最大の恐怖である。

2　「ノー」という返事を聞いたり、自分の考えを拒絶されたりすること

この反応は営業マンや販売員に非常によく見受けられる。

見込み客に投資や商品購入の勧誘をする営業マンの場合はとくにそうだ。

3　転職や起業をすること

ここ数年、ますます多くの人がこの恐怖心を持つようになっていることに気づいた。

現代社会では不幸な労働者がたくさんいる。彼らはより満足の得られる労働環境を切望しているのに、それについて何かをすることを恐れてしまっている。

4　嫌な知らせを上司や経営者に伝えること

これについては説明の必要はあるまい。

5　「上の者」と話をすること

多くの平社員は経営者と話をすることをすごく恐れている。役員ですらそうだ。彼らは社長や会長とちょっとした会話をすることすらためらう。おかしなことを言ったり、愚かに見えたりするのが怖いからだ。

6　失敗をすること

うまくいかないことを恐れるあまり、新しいことを試さない。

あなたはこれらの恐怖心を持っていないだろうか。もしこのリストにない恐怖心を持っていても、心配する必要はない。あなたは克服できる。

小さな違い

64

恐怖心とすすんで向き合う

不安をかきたてる出来事に直面したとき、ほとんどの人はそれから逃げようとする。

かつての私がそうだった。恐怖心が湧きそうになったら、逃げてしまえば、それらの感情は和らぐ。たとえば、社内でプレゼンテーションをするよう依頼されても、断ってしまえば、数日前から心配で夜眠れないという事態を防ぐことができる。

しかし、逃げることによって得られる恩恵は、不安を一時的に回避できることだけだ。自分の恐怖心と向き合うことを拒否したときに得られる恩恵がほかにあるだろうか。私はこの質問を数千人の人びとに投げかけてきたが、誰も答えられなかった。要するに、恐怖心から逃げても、満足な恩恵など得られないのだ。

では逆に、成長の過程で立ちはだかる恐怖心から逃げたことで払う代償について、真剣に考えてみよう。次のような代償が待ち受けている。

- 自尊心が低くなる
- 無力感に襲われ、欲求不満に陥る
- 自分の成功を阻む
- 変化のない退屈な人生を送る

恐怖心から一時的に逃げることに、これだけの代償を払う価値があるとはとても思えない。ところが現実問題として、**ほとんどの人は恐怖心から逃れ、他人から嘲笑されないために大きな代償を喜んで払っている**のだ。

これは狂気の沙汰である。長い目で見ると、逃げることは問題解決のための最善策ではない。大成功を収めたり才能を最大限に発揮したりするには、すすんで恐怖心と向き合わなければならないのだ。

小さな違い
65

結果を心配せずに、恐れていることを実行してみる

恐怖心や不安を持たずに怖い状況と向き合う方法があれば、あなたは大喜びして飛びつくだろう。しかし残念ながら、そのような魔法の解決策はない。

では、「自分の成功と成長にとって必要なのだが、怖くてできない」というようなことをする勇気をどうやって奮い起こせばいいのか。

ほとんどの人は、失敗したら「人に笑われる、相手にされなくなる」と思いつめ、自分にどれだけできるか不安になり、「やっぱりやめておこう」と思ってしまう。

だが、結果についてはあまり心配しすぎてはいけないのだ。自分が恐れていることをしようとした瞬間に、自分を勝者だと思おう。**実際に行動に移して挑んだというだけで、あなたは勝者なのだ。結果は関係ない。**

たとえば、人前で話すことを恐れているあなたが、立ち上がって聴衆の前で話をした瞬間、あなたは勝者なのだ。ひざも声も震えているかもしれない。しかし、それは大事なことではない。あなたは自分の恐れていることをしたのだ。おめでとう！　あなたの自尊心は高まり、すがすがしい気分になることだろう。

何かを初めてしたときに、世界一の名人だと賞賛される人はいないだろう。初めてラケットを握るときからテニスがうまい人がいるだろうか。初めて水に入るときからうまく泳げる人がいるだろうか。どんな技能を開発するにも多少の時間はかかるのだ。

私が、講演がうまいと自分で思えるようになるまでの道のりもかなり長かった。一九八八年に初めてモチベーションの講演をしたときは本当に怖くて、用意したノートから目を離すことができなかった。しかし、二回目の講演では少しうまくなっていた。五回くらい講演をしてからは、ノートにほとんど頼らなくなり、聴衆との一体感が生まれるようになった。それから十一年たった今、私はプロの講演家として全米を駆け巡り、年間数千人から数万人の人たちに話をしている。しかし、忘れないでほしい。繰り返すが、一九八八年の最初の講演では、私はビクビクしていて、話があまりうまくなかったのだ。

小さな違い

66

恐怖心を持ちながら、行動を起こして前進する

恐怖心のために行動を起こせない人たちがいる。しかし、恐怖心に支配されると、高い代償を払わなければならないことを思い出してほしい。結局、恐怖心から逃げるというのは、負ける戦法だ。それは不満と不幸をもたらすだけだ。

もちろん、多少の恐怖心を持っていてもかまわない。成功者も恐怖心を持っている。違いは、成功者は恐れているにもかかわらず行動を起こして前進することだ。簡単ではない。しかし、恐怖心と向き合えば必ず気分がよくなるはずだ。

私はこの十四年間、国内外を旅行して何千人もの人たちと話をする機会に恵まれた。その中で、自分の恐怖心と向き合って行動を起こした結果、後悔している人には一度も出会

ったことがない。その反対に、自分の恐怖心から逃げて夢をかなえられなかったことを後悔している人には何度も出会った。

自分を大きく飛躍させよう。**「勇気の筋肉」は他の筋肉と同じように練習によって鍛えることができる。人生のある分野で恐怖心を克服して行動を起こすと、他の分野でも自信が湧いてくる。**これは本当だ。私は講演者として自信が湧いてきたとき、営業マンとしてもビジネスマンとしても聞き手としても自信が湧いてきた。

困難や挑戦から逃げようとする人たちに、人生は見返りを与えない。自分を勝ちパターンになじませることが大切だ。それはつまり、恐怖心を持っていても行動を起こすということだ。

自分の恐怖心と向き合おう。そうすれば、あなたの潜在能力は発揮され、あなたに見合うエキサイティングで充実した人生が送れるだろう。それこそ、けっして悔いのない決断だ。

第11章

すすんで失敗しよう

失敗とは、
もっと頭を使って
やり直す機会にすぎない。

――ヘンリー・フォード（フォード自動車の創業者）

成功とは、
失敗から失敗へと
情熱を失わずに進むことである。

――ウィンストン・チャーチル（イギリスの元首相）

小さな違い

67

目標に向かって粘り強く努力する

自分の子ども時代を振り返ってみると、あなたも失敗を繰り返しながら素晴らしい粘り強さを発揮してきたことに気づくはずだ。

自転車の乗り方を覚えたときまで記憶をさかのぼってみてほしい。練習用の車輪をはずしたとき、バランスをとるのは困難だっただろう。何度も転倒してケガをしたりしながら、真っすぐな姿勢を保つ努力をした。あなたは失敗について重要な教訓を学んでいたのだ。親が付き添い、大きな声でアドバイスしたり、あなたがバランスを失ったときに助けてくれたこともあっただろう。あなたは怖い思いをしたが、感情の高まりも感じたはずだ。あなたは、いつか自分が一人で自転車に乗ることに成功する日が来ることを楽しみにした。来る日も来る日も練習に励み、ついに自転車に乗る技術を習得した。

自転車に乗ることに成功した要因は何だったのか。それは、粘り強さと繰り返しだ。どれだけ時間がかかっても、あなたはがんばり抜くつもりだったはずだ。それに加えて、目標に向かって情熱を持って取り組んだことも成功の一因だ。目標を達成できる日が待ち遠しくて仕方なかったこともあるだろう。そして最後に、ポジティブな励ましの効用を過小評価してはいけない。親がそばで見守り、支えてくれ、成功するよう励ましてくれていることを、あなたは十分に感じていただろう。

自転車の乗り方を覚えようとしていたとき、あなたは楽天的でワクワクし、喜んで困難に挑戦した。**子どもの頃のあなたは、いつかはスキルを習得できることを信じていたのである。**

小さな違い 68

失敗は必要なことだと認識する

大人は新しいスキルを身につけなくてはいけなくなったとき、どう取り組むだろう。楽天的に、すすんで難題に挑もうとするか？　なかなかそうはならない人がほとんどだろう。たとえば、新しいパソコンソフトを学ばされたり、社内で別の部署に異動させられたりしたとしよう。多くの人はどういう反応を示すだろうか。

- それを避けようとする。
- 不満を漏らす。
- そんなことをする必要はないと言い訳をする。
- 自分の能力を疑う。
- 怖がる。

かつてはやる気と冒険心に満ちた子どもだった人たちが、どうして新しいことを学ぶことに不満を言う大人になったのだろうか。幼いころは、自転車に乗れるようになるためには、自転車に乗って転倒し、また乗らなければならないことを知っていた。自転車に乗って転倒することは「悪い」ことではなく、目標を達成するうえで不可欠な要素だ。しかし、私たちは年をとるにつれて、転倒することが悪いことであると考えるようになった。

新しいことへの挑戦は、怖いことである。大人になると、他人がどう思うかが気になり、笑われたり批判されたりするのを恐れて躊躇するようになってしまう。しかし、新しい技能を身につけたり、目標を達成したりするには、周囲からのネガティブな反応に耐え、ときにはぶざまに失敗しても、必要なことはやらなければならない。

成功者は成功の過程で「失敗」することを学んでいる。自分の「失敗」を心から楽しむことはないかもしれないが、その体験を勝利への道に必要な構成要素として認識している。結局、必要なのは時間と努力、いかなる困難が生じようとも喜んで耐え抜く精神力である。

小さな違い
69

何回失敗しても、挑戦を続ける

セントルイス・カージナルスのマーク・マグワイア選手が一九九八年に七十本のホームランを打ったのは圧巻だった。

しかし、同じ年にマグワイアが百五十五回も三振しているという事実を、あなたは知っているだろうか。彼はそれまでの選手生活で四百五十七本のホームランを打っているが、千二百五十九回も三振している。つまり、彼の場合、三振の数はホームランのほぼ三倍に相当するというわけだ。

史上最高のバスケットボール選手とも言える、マイケル・ジョーダンの生涯得点率は五割。言い換えれば、彼がプロとして放ったシュートの半分は、「失敗」に終わったことになるのだ。

もちろん、この法則はスポーツだけにあてはまるわけではない。映画スターやマスコミに登場するセレブリティも、失敗と無縁ではないことは周知のとおりである。多くの役者は十年も十五年も下積みの生活を経験し、何百回も断られた末にようやく役をもらい、活躍の糸口を見つける。しかも、ある程度の成功を収めたあとでも、ときおり失敗作を経験する。

これらの人たちは、**成功とは大部分が粘り強さの問題**であることを認識している。つまり、挑戦を続け、自分の能力を開発し続け、途中で軌道修正を続ければ、成功するのである。

ベストセラー『ガルシアへの手紙』（総合法令出版）の著者、エルバート・ハバードはこう言っている。「人間が犯しうる最大の過ちは、過ちを犯すのを恐れることだ」と。

あなたに必要なのは、もっと多くの打席に立つこと、もっと多くのオーディションを受けること、もっと多くの見込み客を訪問することなのだ。

小さな違い 70

失敗を恐れず、成功への階段を一段ずつのぼる

もしあなたが自分の望む結果が得られなかったり、失敗して意気消沈したりしているなら、次の質問を自分にしてみるといい。

1 非現実的なスケジュールを立てていないか？

成功とは、階段を一段ずつのぼって勝ち取るものなのだ。しかも、次のレベルに進むのにどれだけ時間がかかるかもわからない。他人と比較したくなる衝動を抑えよう。あなたの進歩はある人たちよりは遅いが、他の人たちよりは早い。

2 本当に最後までやり抜く気があるか？

成功するためには、必要なことをすすんでする精神と、目標を達成するまで絶対にあきらめないという強い決意を持つことが大切である。

3　やる気をなくすような影響を受けすぎていないか？

自分では何もしないくせに辛辣なことを言うネガティブな人たちとつきあうと、エネルギーと情熱は減ってしまう。

4　成功する準備をしているか？

目標を達成するために必要なことをすべて学ぶ用意をしているだろうか。指導してくれる人を見つけて、もっと「教えられ上手」になろう。自分がすべてを知り尽くしているわけではないという事実を受け入れ、前進し続けるための知識の供給源を見つけよう。

5　すすんで失敗するつもりがあるか？

失敗を成功の過程の一部と見なそう。失敗を恐れないとき、あなたは間違いなく成功への途上にある。失敗を歓迎しよう。失敗は、目標を達成するうえで不可欠の要素なのだ。

小さな違い

71

失敗から学び、失敗を乗り越える

失敗から身を遠ざけようとしては絶対にいけない。

あなたがする失敗は、あなたがしなければならない軌道修正を教えてくれる貴重な経験である。失敗を遠ざけるということは、あなたがまったくリスクを冒さないかわりに、ほとんど何も成し遂げられないということだ。

すべての取引を成功させることはできないし、すべての投資で確実に利益を出すこともできない。

人生は勝ったり負けたりの連続である。最も成功している人たちですらそうだ。

歩く前に這う、走る前に歩く。人生の勝者はそのことを知っている。新しい目標を設定するたびに失敗が待ち受けている。

それを一時的な挫折であり克服すべき困難ととらえるか、乗り越えられない障害物ととらえるか。それは、あなたしだいである。

すべての敗北から学び、達成したい最終結果に焦点を当てることを心がければ、失敗はあなたを成功へと導いてくれるだろう。

おわりに　心の姿勢を変えれば、人生が変わる

一九九八年十一月十六日　フィリピンの首都マニラ。

世界二十か国以上の国々からやって来た人たちを相手に、私はたった今、セミナーを終えた。こんな光栄なことはない。聴衆の中の数十人が私のもとに来て自己紹介をし、「人生を変えるような法則を分かち合うために、マニラまで来てくれてありがとう」と私に感謝の言葉を述べた。

全員が会場から立ち去ったあとで、私は荷造りを始めようとした。しかし、なぜか一瞬立ち止まった。誰もいない聴衆席を見回した。自宅から一万三千キロも隔たった場所だ。夢ではないことを確認するために、私は頬をつねった。

一九八五年当時の様子が脳裏に浮かんだ。私は書斎にいて、ネガティブで落ち込んだ状態でしょんぼりと座っていた。弁護士の仕事が大嫌いだったのだが、どうやって事態を打開すればいいのか、まったくわからなかった。一九九八年の秋、私はフィリピンにいる。

世界中からやって来た人たちを相手に、モチベーションをテーマにセミナーを開いた。「どうしてこんなことが起こったのだろう?」と心の中で思った。

その答えは明らかだった。**すべては心の姿勢によって決まるのだ。**

もうおわかりだろう。あなたが心の姿勢を変えるとき、火花が飛び散る。あなたはエネルギーに満ちあふれる。新しい可能性を見始める。あなたは行動を起こす。非凡な成果をあげる。だから私は、「あなたが心の姿勢を変えるとき、人生が変わる」と言っているのだ。

この十四年間が成功の連続だったなどと言うつもりはない。真実はそれとはほど遠い。私なりに敗北と挫折を経験した。しかし、この本で紹介した数々の成功法則は、私が前進を続けるための勇気と指標と強さを与えてくれたのである。

みじめだった私の人生

一九八〇年、私はロースクール(法科大学院)を卒業し、弁護士として一生働き続けようと思っていた。何と言っても、弁護士の仕事は、十代の初めのころからずっとあこがれていたのだ。

最初のうちは、すべてが計画どおり進んでいた。その年の夏、司法試験に合格し、ニューヨークで弁護士として開業する資格を得た。私生活も上り調子で、一九八一年の初め、ロースクールのクラスメートだったドローレスと結婚した。まさに順風満帆だった。

いや、そう思っていただけだった。

というのは、弁護士として数年間働いて、**自分がまったく幸せではないことに気がついたから**だ。

たしかに、弁護士の仕事で気に入っていたこともいくつかあった。人びとの争いごとの解決を手伝うことは楽しかった。審理が長引いて依頼人が苦しい思いをしないように助けてあげられたときの喜びはひとしおだった。

けれども、私にとって、弁護士の稼業はいやな面がすごく多く、自分の人生を味気なくしているように感じたのである。しなければならない事務処理と申請手続きが山のようにあった。あらゆることがしょっちゅう遅れたり、延期になったりしていた。一件の裁判が十回も延期されることもまれではなかった。

何かが変わらなければいけない

精を出して仕事を続けたものの、弁護士として働くことに対する不満が募った。欲求不満がたまり、ひどく落ち込んだ。はっきり言って、人生が嫌になり、どうやって事態を好転させればいいか、見当もつかなかった。

出勤するのがいやだといつも思うような仕事、言い換えれば、来る日も来る日も重圧で押しつぶされそうになる仕事に、あなたは従事したことがあるだろうか?

当時、私はそういう気分だった。苦しみのために肉体的にも精神的にもクタクタだった。私は精神的に死んでいた。人生の中で何もあまり大きな意味を持たなかった。毎日のいやな仕事は私の外見にも影響を及ぼした。年齢よりもずっと老けて見られた。まだ二十代の後半だったのに、四十歳くらいに見えたほどだ。深刻な健康問題を抱えているのではないかと不安になり、何人もの医者に診てもらい、いくつもの検査を受けた。しかし、どの検査結果も同じだった。肉体的な異常はまったく見つからなかった。

一九八五年の初め、三十歳になって間がないころには、私はすでに燃え尽きていた。

ある晩のこと、書斎で一人きりになって腰掛けていたとき、何かが変わらなければならないと、私は強く感じた。しかし、どうしたらいいかはわからず、ただ声に出してこう言った。

「私の人生には、これ以外のものがあるはずだ……。みじめさと不幸以外のものがきっとあるはずだ」

私の人生を変えたもの

その夜遅く、私が書斎でテレビを見ていたときのことだ。深夜の一時くらいだっただろうか。妻のドローレスはすでに就寝していた。しかし、私はあまりにも落ち込んでいたので眠れなかった。時間つぶしになる番組を探して、テレビのチャンネルを変え続けていると、まったく偶然に「テレビショッピング」にチャンネルが合った。商品やサービスについての詳しい情報を視聴者に提供する番組だ。

ふつうであれば、一秒もしないうちにチャンネルを変えていたところだが、そのときはなぜか番組に意識が向いた。

紹介していたのは「心の貯金箱」という商品で、連続ドラマでおなじみの女優が出てきて宣伝していた。家庭学習用の教材で、人生で成し遂げるすべてのことが潜在意識の中の信念に基づいているというのが基本的なコンセプトだった。

当時、私はわらをもつかむ必死の思いだったから、それを試してみることにした。早速、クレジットカードを使って注文した。

書斎でのあの一夜は、私の人生の転機となった。

ところで、一日か二日してドローレスにそのことをおどおどしながら話したところ、妻はショックを受けた。

「えっ、何ですって！」と妻は驚きを込めて叫んだ。私がその商品を購入したことに反対だったわけではなかった。「テレビショッピング」の類いで扱っていたものを衝動的に買うというのが私らしくない、というのだ。

数日後、「心の貯金箱」の教材が自宅に届いた。**思考が人生の質をどのように決定するのか**。私はそれを夢中になって学び始めた。それまで、私はそういう考え方を聞いたことがなかった。残念なことに、学校ではこういうことを教わらないのだ！

数日後、「心の貯金箱」に触発されて、ほかにも自己啓発の知識の供給源を求めるようになった。ナポレオン・ヒル、オグ・マンディーノ、ノーマン・ビンセント・ピール、ロバート・シュラーらの著作を読み出した。まるで何日間も喉がカラカラに渇いた状態で砂漠をさまよい歩いてきた人間が、突然、小川を見つけたような気分だった。

とはいえ、人生のすべてが一夜にして変わった、などと言うつもりはない。そういうことはまったくなかった。しかし、**ネガティブな心の姿勢をポジティブな心の姿勢に変えた瞬間から、重大な結果が生じ始めた。**

私は気分がよくなった。エネルギーが湧いてきた。以前なら絶対に不可能だったような目標をいくつも達成するようになった。すべて、心の姿勢を変えたからだ。今では、年齢を尋ねられて「四十四歳」と正直に答えると、必ず「若く見えますね」と言われる。

すべては心の姿勢にあるのだ。

新しい仕事を選ぶという決断

やがて私は、仕事に対して感じたことのなかった情熱を自己啓発という「趣味」に対して感じ始めた。私は仕事を辞められる日を夢見るようになった。

心の姿勢と動機づけについて四年間みっちりと研究した。そして一九八九年、地元の高校で成人向けの教育セミナーを開講することになった。報酬は一コマ二時間の授業に対して三十ドル。弁護士を辞めてまでやってみようと思う金額ではなかった。

いざ受講生たちの前に立ち、初回のセミナーを始めようとした際、緊張のあまり全身がガチガチになった。心臓はドキドキし、体中が汗びっしょりになった。しかし、やってみる勇気を何とか出した。受講生たちは私の講演をたいへん気に入ってくれた。

私の人生は軌道に乗った。

やがて講演料が少しアップし、一九九〇年には、弁護士の仕事を次の数年間で徐々に減らして最終的に廃業することに決めた。容易な決断ではなかった。法律学の学位を取得するために大学の法学部に四年間在籍し、続いてロースクールに三年も通ったのだ。そして何より、弁護士として十年のキャリアがあった。ひとつの仕事にそれだけ投資すると、そう簡単に辞められるものではない。

そしてもちろん、お金の問題があった。弁護士を続ければ、あと数年で年収が十万ドルに達するし、退職するまでずっとそれくらいかそれよりも多額の収入が得られるのだ。

新しい「趣味」は多少の副収入をもたらしてくれたが、新しい事業を始めるとなると、かなりのお金が必要だ。幸い、私たち夫婦はこの数年間いくらか貯金をしてきた。しかし、新しい仕事を始めるには、少なくとも最初のうちは経済的にかなり後退しなければならない。それを避ける方法はなかった。

　ともかく、先に進むときがやってきた。弁護士稼業から新しい仕事へと引き寄せられているように感じた。聴衆に向かって話しかけたり、文章を書いたりすると、すこぶる爽快な気分になってやる気が出てきた。これこそ天職だと思った。そこで、弁護士の仕事を週に四日、そして三日、さらに二日というふうに、徐々に減らしていった。そしてついに一九九二年、自己啓発の分野における専業の講演家兼著述家になったのである。

　私が「心の姿勢についての講演を仕事にするために弁護士を辞める」と告げると、母は感激しなかった。当然だろう。講演家の母親には、他人に向かって「私の息子は弁護士なのよ」と自慢する特権はない。

　しかし、こういったさまざまなことは、人生において立場を明確にする際に処理しなければならない問題である。自分の決定に反対する人たちもいる。また、**新しい方向に向かって進むためには何かを手放し、数歩後退しなければならないこともよくある。**私はなんらかの代償を払わなければならなかった。弁護士として得られるお金と名声と安定性だ。

結局のところ、母は私の新しい選択を支持してくれた。私が進歩を遂げていて仕事を楽しんでいるのを見たときはとくにそうだった。

私はなぜ、自分の転職の話をここで紹介しているのか？ 自分がしてきたことについて自慢話をするためではない。私が自分の話をしているのは、心の姿勢を変えたときに人生がどれだけ大きく変わったか、どれだけ好転したかをあなたに知ってほしいからだ。

心の姿勢がすべてだ。私はこのことを身をもって立証したのだ。

あなたの人生に奇跡を起こそう

あなたが時間を割いてこの本を読んだことに、私は拍手を送りたい。しかし、この本を読むことは、あなたが望んでいる生き方をするための第一歩にすぎない。紹介されている数々の考え方に意識を集中し、行動を起こし、実行して初めて、あなたは人生の突破口を開くことができる。それはエキサイティングな突破口だ。

ある統計によると、高いレベルの成功を収めている人の割合は、総人口のわずか五パーセント程度でしかないという。一体なぜか？ 私は十四年間にわたって研究してきた結果、その理由について確信を持っている。それはこういうことだ。

この本で紹介した成功法則を来る日も来る日も実行している人は、ごくわずかしかいない。

思考が現実になることを認識したうえで、ポジティブな心の姿勢をつねに維持する人は、ごくわずかしかいない。

自分の心を成功か平凡か失敗のいずれかに向けて設定していることを認識したうえで、自分が使う言葉に気をつけている人は、ごくわずかしかいない。

潜在能力の開発は恐怖心の克服にあることを認識したうえで、恐怖心と向き合うだけの強い精神力を持った人は、ごくわずかしかいない。

暗雲がたれこめているときに明るい日差しを探す人は、ごくわずかしかいない。

ある課題に対してコミットし、ポジティブな心の姿勢を維持してやり抜き、きちんと仕上げるだけの粘り強さを持っている人は、ごくわずかしかいない。

あなたがそういうごくわずかしかいない人の一人になることを、私は呼びかける。

あなたは、自分が夢に見ている以上の人物になるだけの潜在能力を持っている。あなたは自分の内面に偉大さを持っている。その潜在能力を発揮するためのカギは、あなたの心の姿勢なのだ。私は心の姿勢を変えて自分の人生を変えた。心の姿勢を改善することで、私の人生に奇跡が起こった。それなら、あなたの人生にも奇跡が起こるはずだ。

次に紹介するチャールズ・スウィンドル博士の文章は、心の姿勢の核心、すなわち心の姿勢が人生の方向性を決定づけることを見事に表現している。

「私は長く生きてきて、心の姿勢が人生に及ぼす影響をますます認識するようになった。**心の姿勢は、私にとって事実よりも重要なものである。それは過去よりも、教育よりも、お金よりも、環境よりも、失敗よりも、成功よりも、他人の言動よりも重要だ。外見よりも、才能よりも、技能よりも重要だ。**それは会社や教会、家庭をつくることもあれば、つぶすこともある。

素晴らしいことに、私たちは毎日その日の心の姿勢を選ぶことができる。私たちは自分の過去を変えることはできない。他人の行動様式を変えることもできない。不可避のことを変えることもできない。私たちが変えることができるのは、自分の心の姿勢だけである。

人生はその一割が自分に起こることで、残りの九割がそれに対する自分の反応である。私はそう確信している。そして、それはあなたについてもあてはまる。私たちは自分の心の姿勢をコントロールすることができるのだ」

強烈な言葉だ。スウィンドル博士の提案どおり、あなたは自分の心の姿勢を変えてみてはどうだろうか。

今こそ、自分の心の姿勢をコントロールしよう。今こそ、自分の人生で奇跡を起こそう。さあ、始めよう。自分を信じよう。夢を追い求める勇気と根気を持とう。心の姿勢がすべてであることを絶対に忘れてはいけない。

あなたの旅に神の祝福がありますように。

訳者あとがき

営業マンや販売員の世界では、「この商品は必ず売れる」という自信を持っているときと、「売れそうにない」と不安に思っているときとでは、売上に決定的な差が出るという。プロ野球の世界でも同様だ。「絶対に勝てる」という気迫で打席に入るときと、「打てそうにない」という消極的な気持ちで臨むときとでは、成績に雲泥の差が出るらしい。

ビジネスやスポーツにかぎらず、心の姿勢が人生のさまざまな局面に影響を及ぼすことは、誰もが日ごろ経験しているとおりだ。しかし意外なことに、私たちは自分の心の姿勢についてあまり意識していない。

車の運転をするとき、ギアをバックに入れたままで前進しようとする人は一人もいない。ところが、人生を切り開かなければならないときに、後ろ向きの心の姿勢で臨んでいる人は結構多いのではないだろうか。その結果、物事がうまくいかずに落ち込んでしまい、心の姿勢がさらにネガティブになる。まさに悪循環だ。

この本の著者ジェフ・ケラー氏は、心の姿勢がすべてを決定すると主張している。成否のカギを握るのは、能力や才能よりも心の姿勢である、というのだ。そして、できる人とできない人の小さな違いを七十一項目集めて、それぞれについて簡単な言葉で具体的に説明している。

各項の見出しを見ただけでも、心の姿勢をつねにポジティブに保つことが、生きていくうえでいかに大事かということがよくわかる。心の姿勢の小さな違いが大きな違いとなって確実に自分に返ってくるのだから、よほど気をつけなければならない。

著者はこの本の中で数多くの名言を紹介しているが、アメリカの自動車王ヘンリー・フォードの「失敗とは、もっと頭を使ってやり直す機会にすぎない」という言葉は、とくに印象的だ。私たちは失敗するとがっかりして、やる気をなくしてしまいやすい。成功者はそうではない。彼らは前向きに失敗する達人だ。だから、失敗の中からプラス材料を見つけ出し、さらなる飛躍のきっかけにする習慣を身につけている。

人生や仕事がうまくいかない原因を「社会が悪い」「景気が悪い」「競争が激しい」と言い訳する風潮が強いが、謙虚になって自分の心の姿勢を見直し、つねに前向きな姿勢で有意義な人生を切り開いていきたいものだ。この本がそのための一助となれば幸いである。

平成二十七年十一月二十日

訳者しるす

できる人とできない人の小さな違い

発行日　2015年12月20日　第1刷
2016年　4月　5日　第5刷

Author　ジェフ・ケラー

Translator　弓場隆
Book Designer　轡田昭彦＋坪井朋子

Publication　株式会社ディスカヴァー・トゥエンティワン
〒102-0093　東京都千代田区平河町2-16-1　平河町森タワー11F
TEL 03-3237-8321（代表）
FAX 03-3237-8323
http://www.d21.co.jp

Publisher　干場弓子
Editor　藤田浩芳＋木下智尋（編集協力：有限会社マーリンクレイン）

［Marketing Group］
Staff　小田孝文　中澤泰宏　吉澤道子　井筒浩　小関勝則
千葉潤子　飯田智樹　佐藤昌幸　谷口奈緒美
山中麻吏　西川なつか　古矢薫　米山健一　原大士
郭迪　松原史与志　蛯原昇　安永智洋　鍋田匠伴
榊原僚　佐竹祐哉　廣内悠理　伊東佑真　梅本翔太
奥田千晶　田中姫菜　橋本莉奈　川島理　倉田華
牧野類　渡辺基志　庄司知世　谷中卓
Assistant Staff　俵敬子　町田加奈子　丸山香織　小林里美　井澤徳子
藤井多穂子　藤井かおり　葛目美枝子　竹内恵子
清水有基栄　川井栄子　伊藤香　阿部薫　常徳すみ
イエン・サムハマ　南かれん　鈴木洋子　松下史
永井明日佳

［Operation Group］
Staff　松尾幸政　田中亜紀　中村郁子　福永友紀　杉田彰子
安達情未

［Productive Group］
Staff　千葉正幸　原典宏　林秀樹　三谷祐一　石橋和佳　大山聡子
大竹朝子　堀部直人　井上慎平　林拓馬　塔下太朗　松石悠
鄧佩妍　李瑋玲

Proofreader　文字工房燦光

Printing　大日本印刷株式会社

ISBN978-4-7993-1822-5